法治建设与法学理论研究部级科研项目成果

法治是什么

从贵族法治到民主法治

李贵连　著

GUANGXI NORMAL UNIVERSITY PRESS
广西师范大学出版社
·桂林·

图书在版编目（CIP）数据

法治是什么：从贵族法治到民主法治 / 李贵连著.
桂林：广西师范大学出版社，2013.8（2015.4 重印）
ISBN 978-7-5495-3980-2

Ⅰ. ①法… Ⅱ. ①李… Ⅲ. ①法制史－研究－
中国 Ⅳ. ①D929

中国版本图书馆 CIP 数据核字（2013）第 138157 号

广西师范大学出版社出版发行
（广西桂林市中华路 22 号 邮政编码：541001
网址：http://www.bbtpress.com）
出版人：何林夏
全国新华书店经销
湛江南华印务有限公司印刷
（广东省湛江市霞山区绿塘路 61 号 邮政编码：524002）
开本：880 mm × 1 240 mm 1/32
印张：7.875 字数：160 千字
2013 年 8 月第 1 版 2015 年 4 月第 3 次印刷
印数：8 001~11 000 册 定价：32.00 元

序一

传统社会结构与中国法治

贺卫方

2000年,李贵连先生在法律出版社出版了《沈家本传》,当时就命我作的序。那次之所以敢勉为其难,是因为沈家本属于近代法学家,所处时代正是中西古今交汇之关口,我对西方法律史的涉猎也许可以略作映衬,爰陈拙见,算不上太过穿越逞强,贻笑大方。

可是,李先生的这本著作却很不一样,不仅时间跨度上涵盖整个中国历史,而且主题上是极具雄心的那种,即要对中国法律史进行一种类型学以及类型转换的研究。尽管书是一系列讲课的结果,但很明显,作者要对中国传统法律形态何以如此,如何界定其特质,还有近代化进程所必须面临的难题,凡此种种,给出自己独特的分析。这里的理论追求是有目共睹的。

于是,为这一本书写序就更艰难了。书稿读了两遍,含毫数月,终难以成文。眼看出版期日近,实在无法再做"托(拖)派",只好拣出阅读中感受较强的几个问题,写一点自己粗浅的看法。

李先生对古典中国统治形态提出的最重要观点是否定了长期流行的"人治"说,而认为那是一种不同于近代西方式法治的特殊法治。他将周代的统治定义为贵族法治,而秦朝以降以迄明清则属于君主——或专制、官僚——法治。因此,他认为中国社会第一次转型,即"废井田,开阡陌;废分封,立郡县",乃是从前者向后者的一种转型。儒家思想虽然对传统法律发生了深刻的影响,法家所倡言的“法治”仍是君主专制时期法律体系中非常重要的部分,而且是支配性的部分,即它们塑造这其中管理官僚的内容。因此,所谓“中国法律儒家化”(这是瞿同祖先生曾做过著名论证的),毋宁说是“儒家思想法律化”。这的确是一种颇具创造性的解说。

这里需要表达我的一点困惑。的确,我们今天对法治概念的理解受到西方近代以来学说——例如戴雪、富勒的阐述——的很大影响。影响本身也是约束,它让我们的想象力受到限制。但是另一方面,熟读先秦经典的学人也有另一种想象力的限制,那就是难以摆脱法家以及儒家等学派对于“礼治”、“人治”、“法治”讨论所留下的绕梁余音,以至于人们要不断地区分此法治与彼法治,但还是难以避免其间的概念不清,讨论纠缠。

正是这种双重的约束,导致我们中国学界讨论法治问题时经常在对基本概念的不同理解的情况下进行。

从历史的经验看,法治的产生并不必然与某种政体相联系。雅典有最早的民主体制,但是那里却不是法治社会。当我们说法治时,无论如何,还是会想象到某种最低限度的规则之治,这种规则不能被统治者任意修改,统治者本身也受到那些事先宣布的规则的约束,而难以恣意地行使权力。这种统治者与被统治者同受规则约束的状态容有程度上的差异,但只要尚有某种权力——如君主——可以视既有规则为无物,也不能说是法治。

因此,先秦法家所倡言的“生法者君也,守法者臣也,法于法者民也”,即便强调了臣民的守法义务,然而,若君生法而不受制于法;可生此法,亦可生彼法,更可生凡朕之意皆为法之法;当生可不生,奉行“无法之法,乃为至法”,亦可超生冲突混乱之众多法,令臣民动辄得咎,无所措手足,凡此种种,又何尝有一丝一毫法治的特色?

也许,这里的分类学出了问题。通常的“法治”与“人治”两分法太粗线条,无法概括历史上的多样化治理模式。如果我们把人治界定为一种倡导圣贤君主或哲学王的统治,他们洞察人心,且公正慈爱,不必受制于先定的规则(因为那样反而导致某些个案处理上的不公正),那么在人治和法治两个端点之间,肯定还有其他的社会治理模式。秦汉以降以至明清,古典中国漫长的治理类型,应该有一个更加确切的名称。

不仅如此,秦之前中国的社会形态或政治体制何以界定也是一个裹缠不清的难题。本书将其称为贵族法治,主要原因是因为政治权力的分配是依据血缘以及事功,在君主及其臣属中进行的,也就是所谓分封制。实际上,学术界已经越来越倾向于把这个时期——而不是秦汉之后——的社会称之为封建社会。早在上个世纪中期,美国历史学家柯尔本就主编过《史上封建制度》一书(R. Coulborn, *Feudalism in History*, Princeton University Press, 1956),其中关于中国的一章由汉学家卜德(Derk Bodde)撰写。他认为中国历史上的政治封建制存在于周代到春秋战国时代,之后直到魏晋南北朝,则为准封建制。此后封建制便完全衰落。其实,瞿同祖先生在之前20年出版的《中国封建社会》(商务印书馆,1936)也持大体类似的观点。

尽管在西方,封建社会的概念本身也颇多争议,但大致上人们都承认那样的社会有一些共同特征:分封以及封建契约关系的建立;封臣对封主的某种人身依附以及封建劳役兵役等的提供;封主对封臣的保护,特别是司法权在其间的运用;武士阶层的崇高地位;政治权威的分散及其与之相伴随的征战频仍……中国的封建制,是否具有这样的特征?

除此之外,我在阅读相关文献时经常思考的另一个问题是,何以在西欧，封建社会可以持续到大约13世纪？另外，还有我们的东邻日本，那里的封建制从9世纪一直延续到19世纪！1933年7月，胡适先生在芝加哥大学做题为“今日中国的文化趋势”系列讲演，其中对日本何以可以在短时间内取得现代化的成功，提出三个因素：第一，日本社会有一个强有力的统治阶级，所有改革和现代化运动的领袖都来自这一阶级。第二，该统治阶级的成员出自拥有特权和良好训练的武人世家，并在社会上形成了“尚武”的风气，此为其他东方国家所欠缺者。第三，日本过去千年政治的奇特发展为一个新的政治框架提供了一种稳固的基础，成为推进变革的中心力量。

接下来，胡适提示我们注意，早在两千年前，中国政治与军事上的封建制度已经衰落，整个社会结构“几乎完全平民化了”(almost completely democratized)。因此，缺少一个由于世袭而有效的领导阶层，所有的权贵之家至多维持数十年，又复归于平民。[(上引胡适观点，参看周质平：《光焰不熄：胡适思想与现代中国》，九州出版社，2012，页366—367。)]

值得注意的是，明治维新之后，日本所进行的一项重大改革便是“废藩置县”，那差不多就是中国两千年前已经完成的一项事业。胡适所追问的是中国与日本现代化之间何以有如此重大的差异。我们可以再深究一步，探讨何以中国的封建制如此早衰？这涉及李先生在本书所研究的“中国特色的”封建制与西欧以及日本之间存在着怎样的差异。比利时历史学家冈绍夫(F. I. Ganshof)特别强调西欧封建制内在的法律特质，尤其是契约性。中国的封建制是否由于其缺乏这种法律性质而难以为继？例如孟子与齐宣王对话中所讨论的“汤武革命”，看起来早在周朝，阻却君主沦为“独夫民贼”的社会与法律机制就已经不存在了，以至于推翻暴政的方法只有革命一途。与此同时，我们也可以顺带提出与之相关的另一个问题：先秦儒家恢复周制的呼吁何以换来一种反封建的新型制度，这种新制度究竟有怎样的优越性，可以取封建制而代之？

长达两千年的非封建制的运行带来了中国政府形态以及社会结构的独特性。帝国之中，除了为治理“蛮夷之地”的暂时妥协外，皇帝之下没有了以血缘而承继的藩王。由朝廷任命文官治理地方，文官之权力受之于皇帝也须听命于皇帝，与所在地方之间没有契约关系，造成一种自上而下单向度的威权统治。强调德治，但没有独立于世俗权力的道德权威，于是那些道德学说恰恰成为强化专制君主权力正当性的边鼓帮腔。科举取仕导致社会的大规模上下流动，不存在欧洲或日本式的封闭阶级结构，也抑制了建立在劳动分工基础之上的行业或职业团体的成长，因此，欧洲历史上经常上演的通过阶级或行业公会及职业协会来抗衡君主以及政府权力的政治斗争，在我们这里却是难得一见。对于传统社会最为重要的财富——土地及其相关权利，帝国立法基本上是不予关注的。土地纠纷完全由州县官员作为“田土细故”依据多变的道德学说来处理，不存在明确而稳定的规范，又加剧了恶霸横行乡里以及整个社会的弱肉强食。

在中国受到西方文明挑战之前，上述种种就是我们应对这种挑战的基本家当。李先生用了很大心力梳理近代思想家的国家和法律学说，层层剥笋，鞭辟入里，给读者多方面启发。我们看到，这些思想家们是怎样在既有文明的基础上解读异文明并寻求前行的方向的。篇幅限制，仅举章太炎一例为证。

章氏明确反对在中国引进代议制。饶有兴味的，其理由恰好是中国长久的平等主义传统。据李先生引述，章氏坦率地认为，代议制西方可行，日本可行，中国则不可行，因其不合中国国情。他的理由有二。其一是欧美、特别是日本距封建近，中国距封建远。“去封建远者，民皆平等，去封建近者，民有贵族黎庶之分。”欧美和日本从封建下解脱出来，更立宪政，即使很不理想，也能接受。中国已经统一了数千年，“秩级已弛”（指贵族制已弛），人民早已“平等”，“名曰专制，其实放任也”。西方有些学者就常说中国人是最自由之人。既有自由，现在却把一个议院横插进来，所选议士又多是“废官豪民”，这是抑民权，而非伸民权。据此，他认为，与其效法西方立宪，“使民有贵族黎庶之分”，还不如“王者一人柄权于上”。

我们看到，章氏固然有伸民权、建法治的强烈愿望，同时也看到了宪政与社会结构之间的关联，但是关于出路，却只想到“王者一人权柄于上”一途，真正是不可思议。纵然反感“贵族黎庶之分”，总可以想象一种非等级的社会利益多元化建构的可能。士农工商，通过利益的划分与竞争，上制约政府权力，下整合社会力量，从而使宪政体制得以建立。章氏何以不见于此呢？

孟德斯鸠尝言，一本好书需要留下读者的思考空间，重要的也许不在于结论的正确，而在于提出发人深省的问题。我读李先生的大著，除了很认同他提出的若干结论之外，更深感其中提出的问题极其重要，也就不避浅陋地把自己的一些思考提出来，拉拉杂杂，姑且就教于作者和读者。

2013 年春节

序二

“历史上的中国法”如何叙说？

王志强

年末岁初，风闻关于“中国法制史”是否宜列为法学专业核心课程的问题，有关部门与学界各方反复角力，最终貌似尘埃落定。国家的最高教育主管部门以权威性的通知形式，宣布这一科目，连同遭遇类似命运的另一科目，一同得以保留其作为“核心课程”的地位。法律史学界同仁为之展颜。但萦绕已久的问题，即“历史上的中国法”到底如何叙说，才可能改变日益边缘化的学科命运，一如近日笼罩华夏大地的雾霾，挥之不去，也尚无正解。

世界和问题并非以学科的方式存在，而学科的意义，只是为了适当进行社会分工后，更好地解决问题。从理论上的理解和学术史的经验来看，某些学科得以新兴和壮大，是由于其能回应社会的某些紧迫需求、更好地解决某些重要问题；而如果某种分工方式和状态不能满足学术分科的目的，则学科的存续自然难以为继，直至花叶凋零。法的过去客观存在，其自有学术和现实的意义，而中国法律史也本可有多重学科归属，可以多角度研习探究。但作为法学的分支、为法学同行和学子们所接受、认同和看重，中国法律史学还需要重新定位，确立与其在法律学科中作用和地位相当的问题意识和研究方法，并推出堪当此任的学术成果。学科目前的尴尬命运，未始不是一种警醒。

中国法律史的叙事，根据其所运用的问题取向和概念体系，基本方法大致可分三种。其一，是完全立基于中国固有的思想和概念体系，钩沉史料，描画制度之容颜。历代典志、近世孙荣《古今法制表》、沈家本《历代刑法考》等大致属此。就涉及面之广泛和探究之精审，程树德《九朝律考》可谓熟练运用这一方法的殿军之作。在法思想史领域，则踵续传统的学案体例，采用英雄榜的方式，按时代次序胪列其功。中国传统法思想的通史之作，大致属此。这一研究取向和方法，或可概括地称为描绘“中国法的历史”。这一方法的运用，需要史料学功底深厚，其成功之作具有不可替代的基础性学术价值。不过，从学科的意义上说，它对法学的贡献相对间接，更大程度上属于编年史和史料学派方法的延续。

方法之二，是西学东渐以来，利用西方近现代法学概念体系，重新勾勒中国传统法律图景。杨鸿烈《中国法律发达史》为其先导，其方法基本为二十世纪八十年代以后中国大陆地区的中国法制史教科书所普遍继承。其基本思路，是承认、或基本接受西方近现代法学概念体系为普适的分析框架和叙事体例，然后填充以中国的文献素材，叙述“法在中国的历史”（转用金岳霖先生语）。这一方法，颠覆了中国固有概念体系，有效实现了与现代话语的对接，其意义不容忽视。但这一路径往往只能在固有文献中找到西方概念似是而非的对应物、或可堪类比的不发达痕迹，因此也就直接导向中国法制落后和野蛮等判断。更重要的是，这一方法认同既有的西方体系，既不能如部门法学敷于实用、面向当下，也不能在理论上有所创新、有功未来，因此也自然难免法学界同行和学子们的不屑。

方法之三，是试图打破固有的西方框架，在更一般的意义上运用西方的概念体系，以其语词为信息工具，描绘“历史上的中国法”，揭示中国法的内在机理和特质，并探析其外在动因和制约要素。

这一努力，一方面可从技术层面入手，关注司法需要解决的公共问题。从司法的技术上而言，可沿袭功能主义的思路找到问题的切入点。例如，事实判定的标准和规则、法律文本的解释和适用，这两大环节是任何法律体系有效运作都必然具备的逻辑阶段。中国历史上的司法也并不例外。用普适性的语言、从法律技术的角度，描述中国历代司法中的这一过程，不仅可能实现，而且可成为历史上的中国法展现其法学魅力的重要契机。海内外学者对中国传统法律推理的技术性分析，正是在这一方向上走出的坚实步伐。

另一方面，这一取向亟待从法律和法学的外部关联性方面，对传统法及其近代转型中在技术性环节体现的中国特色，做出全面和深入的原因阐释，充分揭示其相互作用的机制。既有研究已认识到，政治结构的中央管控和全权全责模式、经济发展的小农生产内卷化和财政体制、宗教制衡力量的缺位、文化思想方面的实用理性，等等，都是系统结构中的重要因素。但其与法律及其运作的内在互动关系和机理，还未得到充分阐释。

在微观的司法技术实证基础上，揭示其外在动因，进而总结历史上中国法的特质和精神，这样的研究，目的在于使中国的法律史学更成为“法学”，将是对中国法律智慧的揭示和阐释，也可能有功德于中国法学。当然，兹事体大，不仅其本身涉及面广泛，同时，作为其前提，需要对作为主流话语的西方法律及其学说概念和体系有深刻把握，需要中国法律史学者们的理解力和创造力。这一努力方向，吴经熊、陈顾远等已开其端，瞿同祖做出了更实证的研究；而贵连师的新著，则是在这一方向上的有力推动。

吾师贵连先生早年研习沈家本和近代法律改革，为中国近代法律史研究之翘楚，史学功底深厚，思想与制度兼及，又曾执教部门法学，视野开阔；曾著沈家本年谱及传记数种，编《中国法律思想史》，集清末以来裁判文书山积，对前述第一、二项研究方法运用谙熟，成果斐然。贵连师年届古稀而笔耕不辍，在问题和方法上皆不囿于早年之所成，新著本书，推陈出新。一方面，在问题意识上，此书是当今问题关怀下的产物，更是从历史维度深切剖析法与关联因素、特别是政治模式的慎思之作，显示了中国学人的视野和担当。另一方面，在研究方法上，突破了对"法治"概念的神圣化和简单西方式定义，在更一般的意义上使用于中国语境，提出了"贵族法治"、"官僚法治"和"帝制法治"等概念，改"法律儒家化"为"儒家思想法律化"，在理论和实证上都补充和发展了罗伯托·昂格尔等关于帝制中国"官僚法"的论断。贵连师此著，是其多年思考和功力所积，也是以朴素的洞察，对法律史研究新方向和新方法的努力开拓。

奉贵连师之命，嘱我为此书撰写一些续貂文字。惶恐之余，就此觍颜发挥，将拜读后的心得与萦绕已久的断想，汇为一篇，试奉先生及方家读者，并与学界同道共勉。

二〇一三年元月于复旦江湾

目　录

引言

法治与社会转型

什么是法治？或者说法治是什么？中国要不要法治？要什么样的法治？能不能说“法治”就是“法制”？这是二十世纪中国法学界、政治学界讨论了一个世纪的问题。

“法治”是中国古已有之的概念。但是古代“法治”与近现代使用的对应英语 Rule of Law 的“法治”，不完全相同。近代中国开始使用西方式法治的时间，大约是十九世纪九十年代。最有代表性的提法是黄遵宪《日本国志·刑法志序》中的“以法治国”。后来，梁启超、孙中山都把西方法治作为自己的追求目标。沈家本主持晚清的法律改革，也把改革的诉求定位在西方“法治”上。民国建立，武人专政，法治成为泡影。孙中山护法失败，在二十世纪二十年代，用以党治国的党治取代了法治。孙中山思想为什么有这么大的变化？很复杂，原因是多方面的，社会、政治、思想的原因都有。而就思想原因而言，与他的英雄史观、革命三时期的理论关系相当密切。蒋介石继承发展了他的党治思想，南京国民政府的中华民国，成了国民党与中华民国合而为一体的党国。立法方面，所有法律都要由国民党中常委拍板通过，国法实际是党法。司法上搞的是司法党化。司法院长居正有专门文章阐述司法党化的涵义：法官必须是国民党员，按照党义就是三民主义审判案件。这种党治不可能得到国人的赞同，包括共产党在内的各党派都反对。所以，三四十年代，还是有不少讨论法治的文章，人们还在向往法治。

1949 年，中华人民共和国成立后，"法治"失语。"文化大革命"结束，有一次法治、人治大讨论。当时的全国法学精英几乎都参加了全场讨论，但是收效不理想。因为后来很长一段时间，连法学界的一部分很有影响的人，都坚持一个现在看来非常可笑的命题：法治就是法制。并由此而产生"刀制"、"水治"之争。"刀制是不是水治"？"刀制是不是等同水治"？"法治"、"法制"能不能画等号？一直到 1996 年才有统一的认识：法制是法制，法治是法治，这是两个不同的概念。这个问题解决，才有世纪之交诸多讨论法治的论作。从 1949 年到 1996 年，过了将近半个世纪，学术界终于能讨论法治了，这也是社会的进步，只不过我们付出的代价太大了一些而已。

那么，到底什么是"法治"呢？让我们先看看两本最常见的工具书对"法治"的定义。

一本是国内重要的辞书《辞源》，它对法治的定义是：

> 谓根据法律治理国家。对"人治"而言。《晏子春秋·谏上》："昔者先君桓公之地狭于今，修法治，广政教，以霸诸侯。"①

一本是英国有名的《牛津法律大辞典》，它解释说：

---

① 商务印书馆编辑部：《辞源（修订本）》第三册，商务印书馆 1981 年 12 月修订第 1 版，第 1749 页。

> 法治(Rule of law),一个无比重要的、但未被定义,也不是随便就能定义的概念。它意指所有的权威机构,立法、行政、司法及其他机构都要服从于某些原则。①

两部词典,前者为中国人自己编纂的,后者是中国人翻译英国的。中国固有的"法治",就这样对应了英语世界的 Rule of Law。但是,两者能对应吗?两者的内涵相同吗?

1940 年 2 月,蔡枢衡先生的《近四十年中国法律及其意识批判》脱稿。在这篇文章中,蔡氏提出:

> 事实告诉我们,法治这东西是八面玲珑的。它可以和君主同居,也可以和民主结合,还可和独裁握手。②

君主、民主、独裁是三种政权形式,法治都可以和它们结合。这话有点骇人听闻吧!他还有一段话:

> 独裁类似专制而绝不是专制。专制是反法治的,独裁则是把法治的历史作基础的。专制是先法治的历史阶段;独裁是后法治的历史阶段。③

前段说法治"可以和君主同居",后段说"专制是反法治的",

---

① 【英】戴维·M.沃克编著,北京社会与科技发展研究所组织编译:《牛津法律大辞典》(中译本),光明日报出版社,1988 年,第 790 页。

② 蔡枢衡:《中国法理自觉的发展》,清华大学出版社,2005 年,第 58 页。

③ 蔡枢衡:《中国法理自觉的发展》,清华大学出版社,2005 年,第 58—59 页。

使人有云山雾罩之感。

40 年之后，1980 年，于光远先生在《对人治与法治问题讨论的一点看法》一文中说：

> 法治是不是就倾向于民主呢？一般说来，也可以说对的。条件是法律是保障民主的法律。法律如果是针对某些人搞独断专行，甚至搞专制独裁，为了限制这种人损害人民权利而制定的，按照这样的法律实行法治，就倾向于民主。但是如果不是这样的条件，法治也不一定准倾向于民主。因为也可以制定保障专制独裁的法律嘛。如果制定了这样的法律，当权的人就又以依靠这种法律，更加实行专制独裁。①

两段基本相同的话，时间相隔 40 年，但是没有人进一步深究，也从未引起学界的注意。这种状况，不能不使人感到遗憾。因为，这两位前辈向我们展示的是“现代中国所要的法治是什么样的法治？”这样一个问题。是与民主相结合的法治呢？还是与君主同居的法治？抑或与专制握手的法治？我们讨论法治，如果离开这样的问题意识，法治实际是讨论不清的。坦白地说，我也很难回答这个问题。所以我带着这样的一个问题意识，试图从我国法治的历史演变这个角度，来寻求答案。

从贵族法治到民主法治，就是一个历史演变。为简洁起见，题目用的是贵族法治、民主法治，中间省略了一种君主法治，或

① 《法制与人治问题讨论集》编辑组编：《法制与人治问题讨论集》，群众出版社，1980 年，第 9 页。

者说帝制法治、专制法治，我个人认为，如果承认中国几千年来的“治”，是有规则、规范的“治”的话。那么，有文字记载的最早的规则规范之治是通常所说的“礼治”。这种礼是一种规范规则，用“礼”这个字来表述，规范贵族的行为。从这个意义上说，它是贵族法治。由“法”来表述的规则规范，主要是规范官僚行为，保护皇权的规范。所以它是君主法治、帝制法治、专制法治，也可以说是官僚法治。

法治转型，源于社会转型。“转型”一词，现在用得很广泛，也可以说用得很滥。其实，这个词很难界定。转型，一般用在社会转型，以及由此而来的思想、文化、学术、政治、经济、制度等等的全面转型。这种转型，中国有两次。

第一次是春秋战国。“废井田，开阡陌；废分封，立郡县。”太史公总结的这十二个字，是这次转型的全部内容。不要小看这十二个字，它的内涵实在太丰富了。前六个字，用今天的话来说就是经济体制变革。井田废、阡陌开，土地私有制取代土地王(国)有制。在土地是最大最重要财富的远古社会，这是何等重大的转变！后六个字，则是政治体制变革。土地私有，失去了按血缘分封各级贵族的经济基础，邦国消亡，立郡县就成了时代的必然选择。郡县不是封邦，而是直属中央、完全听命中央，由中央直接委任、撤换地方郡守县令的地方政权。在连绵不断的争夺土地财富的战争中，诸侯王要生存，要胜利，就只能把官爵给那些有能力有军功的人，按能力功劳的大小，授予不同的官职，由他们来管理国家的各项事务。血缘贵族没落，官僚阶层兴起，这又是何等巨大的转变！

第二次是 1840 年以后的中国社会转型。这次转型，按我的观察，到现在还没有完成。这次转型比第一次转型困难。第一次转型，纯属中国社会内部因素促成。第二次不同了，是在世界资本东来的大背景下，同时又是世界资本最野蛮、最腐朽的殖民时代开始的。马克思批判的资本主义世界，就是这个时代的资本主义世界。列宁所说的腐朽的、没落的、垂死的帝国主义，就是这个时代。在这种背景下，中国社会转型，套用历史学界的传统分期，是由传统的封建社会先转入半封建社会，再转为社会主义社会。国家则由一个独立的帝国，先是转变为半独立半殖民的帝国，接着转为半独立半殖民地的民国，而后才成为独立的人民共和国。古老的农业经济转向工商经济，专制皇权将被民主民权所代替，由此带来的思想、文化、制度、学术等等的全面变革，就是这次转型的应有之义。不过，这个转型到现在还没有完结。经济上没有完结，政治、思想、文化、学术、制度也都没有完结。

法制转型是围绕社会转型进行的。第一次法制转型围绕社会转型由礼转为法，第二次法制转型围绕社会转型由旧法（传统法）转为新法（西方法）。这种转型从 1840 年就已开始，它的表现主要是对西方法律和法学的翻译介绍。但是，真正转入实质操作则要到六十年后的二十世纪。这个世纪之初，由清政府启动的法律改革导致中国法制的全面转型。清末的礼法之争是这一过程中影响深远的重要事件，我的硕士论文《清末礼法之争》曾予以专门研究。在我看来，“礼法之争”是习惯说法，实际上就是“（旧）法（新）法之争”，是传统法与西方外来法之争。与第二次社会转型一样，第二次法制转型，直到今天仍未结束。

由于第二次社会转型比第一次社会转型深刻、全面、困难，因此，第二次法制转型同样比第一次法制转型深刻、全面、困难。法律法典要转，司法审判也要转；法学学术要转，法学教育也要转；有形的设施要转，无形的观念也要转。例如，《大清律例》转为《大清现行刑律》，再转而为《大清新刑律》、《暂行新刑律》、《中华民国刑法》、《中华人民共和国刑法》，这是法典法律转型。衙门审判转为法庭审判，这是司法审判的转型。律学变为法学，这是学术转型。师徒相授的律学教育变为大学的学校教育，这是法学教育的转型。笞杖被废除，徒流被停止，新式监狱、劳改工厂农场的出现，这是有形设施的转型。法律面前人人平等取代干名犯义，这是观念的转型。如此等等，不一而足。不论哪一方面，都比第一次转型困难、深刻。为什么呢？因为这个"转型"所转的"型"，大部分不是中国本土烧制的"型"，而是西方贩来的洋"型"。就像茅台酒和洋酒，虽然洋酒在中国有销路，但是对大多数中国人来说，还是茅台酒有劲。法制转型也是这样，让西方之"型"在中国扎根定"型"，实在不是一件简单的事情。不论大事、小事，都会反复多次，才会定"型"。例如，转型之初，革命者、改革者追求的西方式民主法治，一百多年了，中国有这种法治了吗？再如，衙门官僚断案，转为法官独立审判。大理院是 1906 年慈禧太后下令成立的，意在实行立宪后，让法官去独立审判。也是一百多年了，中国的法官独立审判了吗？法官独立审判这个洋"型"，能在中国"定型"吗？再如，"分家析产"制转为"遗产继承"制，转了多年，定"型"了吗？

这就是我所理解、所界定的转型。这种转型，在中国社会总共发生过两次。第一次发生在两千多年前，从春秋开始，大体到汉朝由汉武帝完成。第二次从 1840 年(或许从 1800 年或更早时候的明清之际)开始，到现在还转个没完。

由贵族法治转为君主法治/帝制法治/专制法治/官僚法治，再转为民主法治，这应该是我国的法治之路。目前，我国正在建设社会主义法治国家，教育部、司法部要求全国政法院校开设“社会主义法治理念”课。社会主义法治是不是民主法治呢？我以为是。因为，如果它不是民主法治的话，难道还能是专制法治、独裁法治吗？走笔至此，我不禁想起三四十年代便已流行，我从小到大都能唱的《团结歌》。我记得歌词是这样的：“团结就是力量，团结就是力量。这力量是铁，这力量是钢，比铁还硬，比钢还强。朝着法西斯蒂开火，让一切不民主的制度死亡！向着太阳，向着自由，向着新中国，发出万丈光芒！”几十年了，歌词差不多已被人们遗忘。现在有不少当年的革命歌曲被反复录制播放，而这首当年极为流行的革命歌，似乎没有什么人再去录制，也很少听到有人唱这首歌。但是，法西斯蒂推翻后，“不民主的制度死亡”了吗？民主制度建立了吗？“向着自由”，保护个人自由权利，让每一个中国人都能自由生活的法治制度建立起来了吗？这就是我认为社会主义法治就是民主法治的原因，也是本课题命意之所在。

上篇

从贵族法治到君主法治

贵族法治:别亲疏、殊贵贱、断于礼

前面我们提到《辞源》中的法治概念,这个概念中所引述的《晏子春秋》记载的“修法治”,是中文最早出现的“法”与“治”结合在一起的法治概念。晏子是战国时期齐国人。齐国法家代表著作《管子》在《明法》中说,“以法治国,则举措而已”。《韩非子·有度》所载与此同。法治是春秋战国时期法家的政治主张,是法家“废分封、立郡县”的理论武器。因此,要了解法家的法治,还要知道为分封制服务的礼治。

由分封制到郡县制,由宗法制到官僚制,这是春秋战国社会大转型的基本内容。春秋之前,是分封制和宗法制。维护这种分封制和宗法制的是礼治。礼,就是这个时代的法。“别亲疏、殊贵贱”,就是这种“法”的核心。

第一节　宗法制与分封制

讲“礼”就必然要讲“宗法”。什么是“宗法”?所谓“宗法”,就是以血缘为纽带,调整家族内部关系,维护家长或族长的统治地位,以及他们世袭特权的行为规范。这种宗法,根源于氏族社会末期父系家长制的传统习惯。夏、商、周是我国最早出现的、在三个不同地区、由三个不同显贵家族为中心的部族集团建立起来的王朝。他们保留了大量父系家长制传统。这些统治集团的家长、族长，掌握了国家政权以后，便把维护家长制的宗法制度和国家的行政组织结合起来。他们任命自己的亲属担任各级官吏，并且世袭下去。这样，就使小宗服从大宗，子弟服从家长的宗法等级，和国家官吏的行政等级结合起来，形成“大人世及以为礼”（子孙继位成为制度）的“家天下”。

夏代由于年代太远，史料缺乏，无法了解宗法的具体情况。不过，夏代实行王位世袭制，这应该是宗法的产物。

商朝有崇拜祖先习惯，他们讲究宗法，甲骨文对此有反映。但商代的宗法制度和宗法思想不完整。宗法制完备的一个重要条件，是继承上区分嫡、庶，实行嫡长继承制。商朝前期的继承主要是“兄终弟及”，后期转向“父死子继”，直到晚期才实行嫡长继承制。

西周的情况不同于夏、商。它一开始就确立了“立嫡以长不以贤，立子以贵不以长”①的嫡长继承制。“立嫡以长不以贤”，就是说：继承人必须是正妻之子，正妻之子又要立长子，其他儿子即使比长子贤也不行。一定要由嫡长子世袭王位，或者世袭诸侯。“立子以贵不以长”，贵是母贵。那时是多妻制，几个妻子，但有一个是正妻。做继承人的，只能是正妻之子，而不能是庶妻之子。正妻之子即使年纪比庶子小，也是法定继承人。嫡长继承制的确立，最终使宗法制度和宗法思想系统化。

西周的宗法制和分封制是密切结合的。西周取代商以后，

---

① 《春秋公羊传·隐公元年》。

周武王和周公曾经在全国范围内进行大分封。那时是土地国有(或王有)制,“普天之下,莫非王土;率土之滨,莫非王臣”[①],就是说,当时全国的土地和臣民,名义上都归周王所有。周王把土地连同居住在土地上的臣民分封给诸侯。这叫做“封国土,建诸侯”,或“封邦建国”。京城周围的土地由国王直辖,叫做“王畿”。诸侯得到封地后,保留“公室”直辖的土地,其他封给属下的卿大夫。卿大夫的封地叫做“采地”或“采邑”。卿大夫下面有士,也由卿大夫封给食地。士是贵族最低层,不再分封。士的下面是平民和奴隶。经过这种分封以后,贵族内部形成从周王、诸侯、卿大夫到士的宝塔式等级。即所谓的“王臣公,公臣大夫,大夫臣士”[②],层层榨取平民和奴隶。分封时,还规定了上下之间的权利、义务关系。下级要听从上级的命令,缴纳贡赋,定期朝觐或述职,提供劳役,接受军事调遣和指挥,服从裁判等;上级则有保护下级和排解纠纷的责任。土地不准买卖,只能由上级分封或赐予。但实际上贵族代代世袭而逐渐占为己有。

这种分封有两个主要特点:

(1)经济上的土地所有权与政治上的统治权直接相结合。周王是全国土地的最高所有者,也是全国的最高统治者。下级贵族受封以后,在封地内同样享有政治统治权。受封贵族经济上、政治上都要接受国王的统治,国王是天下诸侯的共主。

(2)分封按宗法关系进行。除一部分因功受封的异姓诸侯外,周王首先分封自己的亲属,特别是血缘关系最近的亲属为诸侯,诸侯以下也如法炮制。国王、诸侯、卿大夫等职位,都由嫡长

---

① 《诗经·小雅·北山之什·北山》。

② 《左传·昭公七年》。

子世袭。嫡长子是土地和权威的法定继承人,地位最尊,成为“宗子”。周王是全族之主,奉祀全族的始祖,叫大宗。他的同母弟和庶兄弟则分为诸侯、称为“小宗”。在诸侯国内,诸侯也由嫡长子继承世袭,是“大宗”,他的兄弟被封为卿大夫,是“小宗”。卿大夫同样由嫡长子继承,在封地内为“大宗”,他的弟兄是“士”,为“小宗”。“士”的嫡长子仍然为上,他的诸兄弟则变为平民。按照宗法规定,“小宗”要服从和尊敬“大宗”,“大宗”则要爱护“小宗”。这种宗法制和分封制的结合,一方面保证了各级政权主要掌握在血缘最近的亲属手里,另一方面,又是天子、诸侯、大夫等各级贵族,除政治上的上下级关系以外,又加上了一层“小宗”服从“大宗”的宗法关系。一句话,用血缘来巩固统治,用族权来加强政权。对于异姓贵族,则通过婚姻来加强联系。异姓诸侯在自己的分地内,也有自己的“大宗”、“小宗”。这样一来,宗法关系直接同整个国家制度结合起来,使族权与政权结合起来,这一套制度,就是西周的宗法等级制。在这个制度下,贵族一般说来始终是贵族。发展到后来,不但周王、诸侯和各级士大夫是世袭的,周王和诸侯手下的重要职官“卿”也成了世袭,这就是西周的“世卿世禄”制。

第二节 周礼:贵族的行为规范

为了加强和巩固西周奴隶主贵族的统治,相传西周初年,周公曾“制礼作乐”。实际上是在周公的主持下,将以往的宗法传统习惯进行整理、补充,制定了一套以维护宗法等级制为中心的行为规范,以及与之相应的典章制度和礼节仪式。这就是后来一般所说的“礼”或“周礼”。与这套礼制相适应，西周在政治法律思想史上所实行的就是以“亲亲”、“尊尊”为基本原则的“礼治”。

“礼”字在殷商就已出现，出土的甲骨文中写作，象征豆盘里装着玉，祭祀祖先和上帝。《说文解字》解释说：“礼，履也，所以事神致福也。”殷人“尊神”，认为只有履行这样的仪式才能得到鬼神的赐福和保佑。从这里我们可以看出，“礼”一开始就和神权、族权紧紧联系，并包含行为规范的意义。

“周礼”的内容非常庞杂。包括政治、经济、军事、教育、祭祀、婚姻家庭、伦理道德各个方面，核心是维护宗法等级制。《礼记·曲礼上》有一段话说得很典型：

> 夫礼者，所以定亲琉，决嫌疑，别异同，明是非者也。

又说：

> 道德仁义，非礼不成；教训正俗，非礼不备；分争辩讼，非礼不决；君臣上下、父子兄弟，非礼不定；宦学事师，非礼不亲；班朝治军，莅官行法，非礼威严不行；祷祠祭祀，供给鬼神，非礼不诚不庄。

《礼记·礼运》曰：

> 礼者，君之大柄也，所以别嫌明微，傧鬼神，考制度，别仁义，所以治政安君也。

《礼记·哀公问》曰：

民之所由生，礼为大。非礼，无以节事天地之神也；非礼，无以辨君臣、上下、长幼之位也；非礼，无以别男女、父子、兄弟之亲，婚姻疏数之交也。……为政先礼，礼其政之本与。

《左传·隐公十一年》曰：

礼，经国家，定社稷，序人民，利后嗣者也。

《周官·大宰》也曰：

大宰之职，掌建邦之六典，以佐王治邦国。……三曰礼典，以和邦国，以统百官，以谐万民。

以上可见，从“规范”、“规则”角度说，西周的这种“礼”，和后世称之为“法”的规范并没有什么差别。上至国家的立法行政，各级贵族和官吏的权利义务，下至衣食住行，送往迎来，无所不包。特别值得注意的是，周礼中的某些规范，甚至带有今天所说的根本法的性质。不过，这种“法”（礼），是以血缘为基础，以血缘为准则的等级法而已。

正是由于礼的这种属性，所以章太炎在《检论·礼隆杀论》

说："礼者，法度之通名。大别则官制、刑法、仪式是也。"①陈寅恪则说："礼律古代本为混通之学。"②

萧公权的《中国政治思想史》说：

> 春秋时人之论礼，含有广狭之二义。狭义指礼之仪文形式，广义指一切典章制度。《左传·昭公五年》（前537）载："公如晋，自郊劳至于赠贿无失礼。晋侯谓女叔齐曰：鲁侯不亦善于礼乎！（中略）对曰：是仪也，不可谓礼。礼所以守其国，行其政令，无失其民者也。"此于二义之区别，言之最为简明。③

又说：

> 封建宗法社会之中，关系从人，故制度尚礼。冠婚丧祭、乡射饮酒、朝会聘享之种种仪文，已足以维秩序而致治安。及宗法既衰，从人之关系渐变为从地，执政者势不得不别立"贵贵"之制度以代"亲亲"。然礼之旧名，习用已久，未必遽废。于是新起制度亦或称礼，而礼之内容遂较前广泛，其义亦遂与广义之法相混。④

萨孟武也说：

---

① 章炳麟：《章太炎全集（三）·检论卷二·礼隆杀论》，上海人民出版社，1984年，第399页。

② 陈寅恪：《隋唐制度渊源略论稿》，生活·读书·新知三联书店，2001年，第115页。

③ 萧公权：《中国政治思想史》，新星出版社，2010年，第70页。

④ 萧公权：《中国政治思想史》，新星出版社，2010年，第74—75页。

> 古代之所谓“礼”乃包括“法”在内,《礼》云“分争辨讼,非礼不决”。这个“非礼不决”之礼就是法律。故云“礼者君之大柄也”,“安上治民莫善乎礼”。①

在先辈前人笔下,“礼”的性质作用就是这样。“前人之说备矣”,予何人哉!能不从其说乎?因此,我赞同这些前辈之说②,坚持认为,从规则、规范这个角度切入观察,西周的“礼”,就是后来的“法”。虽然在礼的规范中,有很多是属于伦理道德方面的规范,但是,作为贵族行为的准绳,礼是各级贵族必须遵守的规则规范。后来的孔子,正是根据周礼的这种作用,才把它概括为“为国以礼”的“礼治”。

全部周礼,始终贯穿以下几个原则:

(1)“亲亲”原则。所谓“亲亲”,就是必须亲爱自己的亲属,特别是以父权为中心的尊亲属(长辈)。小宗必须服从大宗,子弟必须服从长辈。在分封和任命官吏上,主张“任人唯亲”,首先委派自己的亲属,特别是最近的近亲属,要使“亲者贵,疏者贱”,谁最亲,他的地位、待遇就高,血缘关系疏远的就贱。并且要按嫡长继承制的原则,世世代代世袭下去。这就是“亲亲”原则,也是最重要的一个原则。

(2)“尊尊”原则。就是下级必须服从上级,尊敬上级,特别是必须服从作为大宗的天子,以及作为一国之主的诸侯国君。严格上下级秩序,不许僭越,即下级贵族不能享受上级贵族所享

---

① 萨孟武:《中国政治思想史》,东方出版社,2008年,第3页。

② 还有我的老师张国华教授,生前亦持此说。因本文意在坚持发扬师说,故不再引述其文。

有的那些特权,如果下级贵族享受了只有上级贵族才能享受的特权,就是僭越。至于犯上作乱,那就更不允许。

(3)“长长”原则。这比较简单,就是小辈必须尊敬服从长辈。后来的法律规定,子孙不能违反教令。

(4)“男女有别”原则。主要指两个方面,一是男尊女卑,二是男女授受不亲。

“周礼”的有关规定,都贯穿着这四条基本原则。而在这四个基本原则里面,最根本的是“亲亲”和“尊尊”。“亲亲”是宗法原则,“尊尊”是等级原则。周礼规定,“亲亲父为首”,旨在维护父系家长制;“尊尊君为首”,旨在维护君主制。两个原则,显而易见都服务于当时的宗法等级制。由于这个缘故,周礼在伦理道德方面特别强调两个东西:一个是孝,一个是忠。“孝”与亲亲的原则相应,“忠”与尊尊的原则相应。在宗法等级制度下,亲和尊是二位一体的,忠和孝也是二位一体的;子弟孝顺父兄,小宗服从大宗,也就是下级忠于上级。

由于周礼出自宗法,西周的统治者主要是依靠宗法来维系他们的统治,所以他们非常重视宗法。在“亲亲”和“尊尊”两个原则中,他们最强调的是“亲亲”。当然这并不说“尊尊”不重要,而是因为“亲亲”中的子弟孝顺父兄,小宗服从大宗就包含了“尊尊”的内容。至于“长长”“男女有别”这后两个原则,则都是由“亲亲”派生出来的。所以西周特别强调“亲亲”。

周礼的特征是“礼不下庶人,刑不上大夫”。“礼不下庶人”主要是指礼赋予各级贵族的权利,特别是世袭特权,大夫以下的非贵族一律不能享受。“刑不上大夫”,主要是指刑罚的锋芒,不是指向大夫以上的贵族,而是指向广大劳动人民。

从“礼不下庶人,刑不上大夫”可以看出:西周的整个法制包含两大部分:一部分是用来调整贵族内部关系的“礼”,另一部分是主要用来镇压平民和被征服部族的“刑”。这种“礼”和“刑”的分野，充分说明西周实行的是一种公开不平等的特权法。在这种“礼治”下，等级非常森严：“天有十日，人有十等”[1]；“名位不同，礼亦异数”[2]。

由于周礼的这个特点，西周的各级贵族不仅享有各种特权，而且他们的行为即使越礼，一般也不受刑罚的制裁，只受舆论和道义的谴责。当然，这并不是绝对的，不是说大夫以上的贵族犯了严重危害宗法等级秩序的罪行，如犯上作乱、弑君弑父也不受刑罚。他们犯这些罪是要受刑罚制裁的，但他们受刑有各种照顾。如对贵族，一般不用肉刑，特别是肉刑中的宫刑，“公族无宫刑”[3]。因为宫刑是侮辱人格的刑罚。死刑也不当众执行，或者秘密处死，或者让他自杀，“王之同族有罪不即市”[4]、“有赐死而无戮辱”[5]，等等。诉讼上则有“命夫命妇不躬坐狱讼”[6]的规定。许多贵族还享有减免罪刑的特权。在贵族看来，贵族们遵守周礼，用不着靠刑罚来强迫。因为他们受过礼义的熏陶，是君子，会自觉遵守礼制，此乃原因之一。另一个原因是制度上的问题。因为在分封制和世袭制下，各级贵族，特别是大夫以上的贵族在自己的封地内，都拥有相对独立的行政、立法、司法审判权和各自的武装力量，国王和诸侯要惩治他们，往往要兴师动众，兵戎相见。这就是通常所说的“大刑用甲兵”。

总之，“礼”在西周，是后来所称道的“法”，是西周的法，不过

---

① 《左传·昭公七年》。
② 《左传·庄公十八年》。
③ 《礼记·文王世子》。
④ 《周礼·秋官·小司寇》。
⑤ 《汉书·贾谊传》。
⑥ 《周礼·秋官·小司寇》。

当时不称它为“法”而称它为“礼”而已。萨孟武先生即明确指出：“古人之所谓‘礼’，‘法’常包括在内。《礼》云‘分争辨讼，非礼不决’，即礼除礼仪之外，又指今日之民刑二法，否则‘分争辨讼’，何以‘非礼不决’？”①这种法建立在宗法制、分封制、世袭制、终身制、等级制之上，反过来又维护这些制度，特别是宗法制和分封制。别亲疏、殊贵贱的礼，足以规范这种社会，保证宗法制和分封制延续。而一旦宗法制和分封制遭到破坏，“亲疏”之别，“贵贱”之殊就无法为继，礼治就无法规范社会了。而破坏宗法和分封的是什么呢？是生产力的发展、土地私有制的出现。因此“废井田、开阡陌，废分封、立郡县”，十二字非常精到地概括了西周以后的社会转型。

西周的“礼治”建立在土地国有制的基础上。在西周初期的历史条件下，它曾为巩固西周王朝的统一起过重要的历史作用。因为当时的社会经济联系很脆弱，主要靠宗法血缘关系来维系当时条件下庞大、统一的国家。但是，到了春秋战国时期，由于宗法关系日益疏远，宗法制、分封制、世袭制、世袭等级制、终身制都遭到严重的破坏，同族之间互相打仗，互相攻伐。周礼成了阻碍社会前进的严重障碍，自身也分崩离析，不可收拾，出现了孔子所说的“礼崩乐坏”的局面。在当时思想领域的百家争鸣中，除孔子为代表的儒家，通过改造“礼”，基本上仍然主张“礼治”外，其他各家，几乎无不反对“礼治”，特别是“不别亲疏，不殊贵贱，一断于法”的法家，主张“以法治国”，和儒家就“礼治”、“法治”问题，展开二百多年的争论。“礼治”就是在这种争论中，最后被法治所取代的。

① 萨孟武：《中国政治思想史》，东方出版社，2008年，第25页。

第三节　纳仁入礼:儒家对礼治的改造

儒家主张以礼来治理国家,这种主张就叫“礼治”。儒家的“礼治”思想是对周公“礼治”思想的继承和发展。而最先进行这一工作的就是孔子。孔子提出“仁”的思想,纳“仁”入“礼”,把“仁”和“礼”结合起来。这种结合,实际上是孔子适应春秋末期社会的转型,为当时中国社会所寻找的一条新的“治”道。春秋末期,原有的严格按照宗法血缘进行封邦建国的“礼治”,因土地私有的出现、扩大和争夺,已经走到末路。宗法血缘已无法解决土地、财富的争夺,贵族法治行不通了。在传统礼治还有巨大惯性的时代,孔子希望为当时的社会寻找一条既不违背传统礼治,又适合当时社会需要的治道。这个治道,就是“纳仁入礼”的儒家礼治。

“仁”是什么?孔子的学生对此有各种理解,孔子对学生的答复也因人而异,也就是通常所说的“因材施教”。他有时针对宗法血缘,说“仁”是“忠、孝、宽、惠、恕、弟”,所以,不听父母管教的人向他问“仁”,他的回答只有两个字“不违”,不违背父母之命就是“仁”;他有时从人的心理来解释,说“我欲仁而斯仁至矣”;有时则从个体人格来阐发,说“己欲立而立人,己欲达而达人”。由于他对“仁”说得很多,故学术界对孔子的“仁”也有很多争论,但都称孔子的“仁”的思想为“仁学”,谭嗣同的书就叫《仁学》。解说仁学的论著很多,其中李泽厚的书讲得很好。他认为,孔子的仁学思想是一种整体模式,由四个要素构成,即:血缘基础、心理原则、人道主义、个体人格。[1] 我赞同他的看法，你看，“仁”是“忠、孝、宽、惠、恕、弟”，这不是血缘？说“仁”是“己欲立而立人，己欲达而达人”，还有，“巧言令色鲜于仁”，“己所不欲，勿施于人”，这不是讲人格？“我欲仁而斯仁至矣”，这不是讲心理？但它的核心是“爱人”，是人与人之间的相亲相爱，这就是人道主义了。“爱人”，是他回答樊迟问“仁”时说的。“爱人”是“仁”的本质、核心。《说文解字》说：“仁，亲也，从人而二。”二人以上相亲相爱就是仁。但孔子对“人”并不一视同仁。不同的人，“仁”的标准不一样。对待亲属，他要求“孝弟”，下级对上级，他要求“忠”、“敬”，上级对下级，他要求“宽”、“惠”。“臣事君以忠，君使臣以礼”，看起来好像是对等的，实际上不对等。孝、慈、忠、礼都不完全对等，而且特别强调忠孝。也就是说，宗法血缘还是最重要的。“老吾老以及人之老，幼吾幼以及人之幼”，由爱自己的亲人，推及其他人。这种“爱人”与墨家的“兼相爱”不同，墨家的兼爱是普遍的爱，孔子的爱人是有差等的爱，是爱有差等。孔子维护礼治，以人的行为是否符合周礼作为“仁”的标准，要求“非礼勿视，非礼勿听，非礼勿言，非礼勿动”。要求各级贵族以“礼让为国”，奉劝他们互相克制，停止争夺。在春秋时期，各诸侯国互相攻伐，打得不亦乐乎，诸侯与大夫，大夫与家臣之间也如此。所以孔子要求他们都遵守礼制，不要再打。

儒家纳“仁”入“礼”，对周礼最大的修改，是将传统礼治的最重要原则“亲亲”修正为“亲亲为大”。礼治是宗法和等级相结合的产物。孔子、孟子虽然强调“亲亲”的宗法原则，一再强调“笃于亲”，认为“尧舜之道，孝弟而已矣”。甚至“亲亲”与法律发生

---

① 李泽厚：《中国思想史论》（上册），安徽文艺出版社，1999 年，第 20 页。

矛盾时仍坚持“亲亲”，提倡“父为子隐，子为父隐”，在犯罪问题上反对父子之间互相告发。《孟子·尽心上》中，有一段经常被人引用的对话：

> 桃应问曰：“舜为天子，皋陶为士，瞽瞍杀人，则如之何？”
>
> 孟子曰：“执之而已矣。”
>
> “然则舜不禁与？”
>
> 曰：“夫舜恶得而禁之？夫有所受也。”
>
> “然则舜如之何？”
>
> 曰：“舜视天下犹弃敝屣也。窃负而逃，遵海滨而处，终身欣然，乐而忘天下。”

这是一段孟子与桃应设问式的对话。桃应问孟子，远古时代的天子舜，他的父亲瞽瞍犯了杀人罪，法官皋陶怎么办？孟子回答很干脆，皋陶应立即把瞽瞍抓起来，依法治罪。桃应又问：那舜怎么办？孟子说，舜不能禁止皋陶抓人，但可以不做天子，把父亲瞽瞍背到海边去藏起来，终身不回来。这段对话所表述的孟子思想有两个：一是治理天下不能没有法。舜是天下共主，是天子，但是他不能干扰自己的下属最高法官皋陶捉拿犯人，哪怕这个犯人是天子舜的父亲（用今天的话说就是“太上皇”）。这种法比天子还高的思想，与他的“民为贵，社稷次之，君为轻”观点是一致的。二是瞽瞍是自己的父亲，杀了人犯了罪。舜虽然不能因为自己是天子，超越法律，用强制皋陶不准捉拿罪犯的方法来解救自己的父亲，但是可以通过放弃天子之位，变为平民，背上父亲，逃到法律管辖不到的海边，来挽救父亲的生命。这段精彩的对话，是孟子对孔子思想的发挥发展。既要维护法律，又要维护“亲亲”,这就是亲亲相隐。秦汉以后,礼法结合,“亲亲得相容隐”变成法律条文,礼法的这点差异也被消除了。但是,天子不得干预司法的思想没有变成法律条文(秦汉以后,从中央到地方,官员都是皇帝的奴仆,哪个强项令敢惹太上皇?)。

不过,儒家对周礼“亲亲”原则有所修正。不但荀况有修正,孔孟也有修正。周礼讲“任人唯亲”,儒家则讲“亲亲为大”。孔子和孟子都提出过与“任人唯亲”不同的主张,孔子提出的是“举贤才”,孟轲比孔子有所发展,叫做“尊贤使能”,即尊重贤人,使用有能力的人。荀况更看重贤能,主张“贤能不待次而举”,可以破格提拔。不过他们的主张都有条件,即在贤能相等的前提下,应当由亲及疏,由近及远。就是说,在选用官吏的时候,如果两个人的才能差不多,但一个是你的亲人,一个不是你的亲人,那就要首先选用你的亲人。两个都是亲人,那就先选用近亲,然后再选远亲。这就叫由亲及疏,由近及远,此所谓“亲亲为大”。在这个问题上,荀况比较彻底,他坚决反对世袭制,而孔孟保留亲亲的成分多一些。

另外,孔子虽然改造礼治,继续维护礼治,但是并不排斥法律。他认为必须以“礼”作为适用刑罚的指导。只有在礼的指导下,刑罚的运用才会恰到好处,不至于使人们无所适从。所以他说:“礼乐不兴,则刑罚不中;刑罚不中,则民无所措手足。”①用礼的原则来指导刑罚,这是孔子最先提出来的,也是对西周“刑不上大夫”的继承和发展。

至于孟子,前面所说他与桃应的对话很清楚,他认为舜只能放弃天子之位去窝藏犯罪的父亲,而不能以王的身份权力,禁止

---

① 《论语·子路》。

法官执法捉拿他犯罪的父亲。可见，他不但不排斥法律，不破坏法律，而且维护法律，维护法官执法。不仅如此，他还有名言："入则无法家拂士，出则无敌国外患者，国恒亡。"①强调国家要有法，要有懂法执法之人。法关系国家的兴亡。"徒善不足以为政，徒法不能以自行。"②

与孟子相较，荀子更重法。

荀子反对周礼所规定的贵族世袭制，这是他与孔孟的重大区别，但他并不从根本上反对宗法，而且特别推崇周礼所维护的等级制。"礼者，法之大分，类之纲纪也。"③"大分"即大本、根本，"类"相当于我们今天讲的类推或判例。他要求把维护等级制的礼，作为立法和审判活动的根本指导原则。荀子的这一命题，实际上是对孔子的"礼乐不兴则刑罚不中"的发展。孔子只涉及司法领域，荀子则推广到立法和司法两个领域；孔子只论及礼与司法的因果关系，荀子则从正面讲述了礼与法的内部联系。荀子的主张，实质上是有等级而不让贵族世袭。

荀子对礼有十分精辟的论述。《荀子》一书，几乎每篇都有"礼"字。还有长篇《礼论》，讲礼的起源和作用。他认为，人类要战胜自然，就一定要合群，即组织起来，组成社会。因此，必须有管理者和被管理者的划分。不然就不能组成社会。所以，他说：

> 分均则不偏，势齐则不一，众齐则不使。有天有地而上下有差，明王始立而处国有制。夫两贵之不能相事，两贱之

---

① 《孟子·告子下》。按："人"，谓国内也；"出"，谓国外也。"拂"，假借为"弼"。赵岐注："法度大臣之家，辅弼之士。"

② 《孟子·离娄上》。

③ 《荀子·劝学》。

不能相使,是天数也。势位齐而欲恶同,物不能赡则必争,争则必乱,乱则穷矣。先王恶其乱也,故制礼义以分之,使贫富贵贱之等,足以相兼临者,是养天下之本也。①

其大意为:要组成社会,一定是等级社会才合理。因此等级制度具有"与天地同理,与万世同存"的永恒性。所以,规范等级制度的礼也就是永恒的了。

荀子既隆礼又重法,既重治人也重治法。他是儒法合流的先行者,对礼和法都有很多论述。如:

政令法,举措时,听断公,上则能顺天子之命,下则能保百姓,是诸侯之所以取国家也。志行修,临官治,上则能顺上,下则能保其职,是士大夫之所以取田邑也。循法则、度量、刑辟、图籍,不知其义,谨守其数,慎不敢损益也;父子相传,以持王公,是故三代虽亡,治法犹存,是官人百吏之所以取禄秩也。②

无国而不有治法,无国而不有乱法;无国而不有贤士,无国而不有罢士;无国而不有愿民,无国而不有悍民;无国而不有美俗,无国而不有恶俗;两者并行而国在,上偏而国安,在下偏而国危;上一而王,下一而亡。故其法治,其佐贤,其民愿,其俗美,而四者齐,夫是之谓上一。③

又:

---

① 《荀子·王制》。按:"兼",对待,互相。

② 《荀子·荣辱》。按:"数",法律条文。有人解为术数,方法。

③ 《荀子·王霸》。按:"上偏"指治法多,乱法少,贤士多,罢士少之类。

儒者为之不然，必将曲辨。朝廷必将隆礼义而审贵贱，若是，则士大夫莫不敬节死制者矣。百官则将齐其制度，重其官秩，若是，则百吏莫不畏法而遵绳矣。……士大夫务节死制，然而兵劲。百吏畏法循绳，然后国常不乱。①

有乱君，无乱国；有治人，无治法。羿之法非亡也，而羿不世中；禹之法犹存，而夏不世王。故法不能独立，类不能自行；得其人则存，失其人则亡。法者，治之端也；君子者，法之原也。故有君子，则法虽省，足以遍矣；无君子，则法虽具，失先后之施，不能应事之变，足以乱矣。不知法之义，而正法之数者，虽博，临事必乱。②

有法者以法行，无法者以类举。以其本知其末，以其左知其右，凡百事异理而相守也。庆赏刑罚，通类而后应。政教习俗，相顺而后行。③

又：

礼之于正国家也，如权衡之于轻重也，如绳墨之于曲直也。故人无礼不生，事无礼不成，国家无礼不宁。④

其有法者以法行，无法者以类举，听之尽也。偏党而无经，听之辟也。故有良法而乱者，有之矣；有君子而乱者，自

---

① 《荀子·王霸》。按："曲辨"，辨为理，曲辨，委曲使合乎理。

② 《荀子·君道》。按："遍"，普遍，"数"，械数。

③ 《荀子·大略》。按："类"，礼法所无，触类而长之，类推、事例、先例。

④ 《荀子·大略》。

古及今,未尝闻也。[1]

其耕者乐田,其战士安难,其百吏好法,其朝廷隆礼,其卿相调议,是治国已。[2]

萧公权先生说:

苟子尊君,认南面听治者为国家治乱唯一之关键,其义断非古礼所有。……若按其所述礼之内容,则古今之义,错杂并出,而三十二篇之中所阐发者,似以今义为较多。故举其大体言,荀学之主干非封建天下之旧礼,而为新旧交糅之"治法"。[3]

总之,春秋战国,宗法制、分封制遭到破坏,难以为继。以孔子为创始人的儒家要继续维护礼治,让周礼继续规范变化了的社会,就必须对"礼"进行改造。从孔子的纳仁入礼,到孟子的仁政,再到荀子的隆礼重法,就是儒家改造"礼"的过程。从"亲亲"到"亲亲为大",到"举贤才"、"尊贤使能"、"贤能不待次而举"一步一步改造宗法制。为什么要这样呢?因为建立在血缘基础上的分封制、封邦建国瓦解了,郡县正在出现。郡县要人去治理。谁去治呢?很显然是没有血缘关系的"贤能""贤才",这就是官吏。在分封制还没有完全过渡到郡县制的时代,正是儒家改造"礼治",不排斥法律,直至荀子礼、法并用的原因,也正是儒家最早成为显学、后来被法家所取代的关键原因。

---

① 《荀子·王制》。按:"类",类推事例,救济法教所不及,见闻所不及之事。

② 《荀子·富国》。

③ 萧公权:《中国政治思想史》,新星出版社,2010年,第75页。

法家的法治：不别亲疏、不殊贵贱，断于法

法家是战国时期主张“以法治国”的一个学派。在先秦诸家中，法家对法律、法学最有研究。

法家的代表人物很多，而且大多数是当时著名的政治家、思想家和军事家。春秋时期的管仲，一般被视为法家的先驱。法家一般可分为前期法家和后期法家。前期法家有战国初期著名的李悝、吴起。李悝一般被认为是法家的开山祖；战国中期有商鞅、慎到、申不害等，分别代表法家中的三派，商鞅重法、慎到重势、申不害重术；后期法家的主要代表有两人，一是韩非，一是李斯。

法家这些主要代表人物都有著作，或者是本人写的，或者是他们的后学写的，但大多数都失传了。现在保存下来的，又比较完整的有《商君书》、《韩非子》，这是研究法家思想最基本的著作。除了这两本书以外，还有经过后人编辑起来的《慎子》十篇、《申子》二篇，是一些残篇、佚文。另外，战国中期还有一本重要的书叫《管子》，这是战国中后期，齐国一些学者写的，不是管仲本人所写。《管子》这本书，范围很广泛，经济、政治、哲学什么都有，其中代表法家思想的部分，通过近人考证，是齐国法家写的。

《管子》中的法家思想，其价值不低于《商君书》和《韩非子》，也是研究法家思想的重要著作。其中一些思想可能源于管仲，但绝大部分是齐国法家的思想，而不是管仲的思想。

法家反对新、老贵族"别亲疏、殊贵贱"的礼治，主张"不别亲疏，不殊贵贱，一断于法"的"法治"。法家的法治主张，在当时能付诸实践，与当时的形势密切相关：诸侯战争，要取得战争的胜利，就必须富国强兵；而要富国强兵，只有法家的主张最切合时用，其他儒、墨、道等，都无法实现富国强兵的目标。

第一节　法家的法律观

法家以主张"以法治国"的"法治"而著称，并提出了一整套推行"法治"的理论和方法。法家的法律观主要指他们对法律的本质、起源和作用等基本问题的看法。

一、法律的本质

法家对法律本质的认识大体可分为两类。一类把法律比作度量衡，像量长短的尺寸、正曲直的绳墨、秤轻重的衡石等一样公平、正直的，是衡量人们行为的客观准则。法家把法律比作度量衡的地方很多，例如：《管子·七法》说："尺寸也，绳墨也，规矩也，斗斛也，角量也，谓之法。"《商君书·修权》说："法者，国之权衡也。"《慎子·威德》则说："故蓍龟所以立公识也，权衡所以立公正也，书契所以立公信也，度量所以立公审也，法制礼籍所以立公义也。凡立公，所以弃私也。"《意林》录《慎子》佚文也说：

“有权衡者，不可欺以轻重；有尺寸者，不可差以长短；有法度者，不可巧以诈伪。”

尺寸、绳墨、规矩、衡石、斗斛、角量等都是度量衡，法家用它们来比拟“法”，作为人人必须遵守的行为规范、行为准则，其目的在于强调“法”的客观性和平等性。法家将这种客观性、平等性、公平性以普遍性的形式提出来时，其实是以社会全体成员代表的身份自居的，但实质上这种观点只代表非贵族出身、占有财产的平民，要求在法律面前与贵族平等的思想。正因为这样，所以，这种“法”也就不同于贵族的“别亲疏、殊贵贱”的“礼”。西汉司马迁对法家思想有个概括，叫做“不别亲疏，不殊贵贱，一断于法”。“不别亲疏”，是针对周礼中的“亲亲”原则提出来的。“不殊贵贱”，是针对周礼中的“尊尊”原则而提出来的。按照法家的观点，贵也好，贱也好，都要根据同一个法律来判断。这样一来，就和“别亲疏”、“殊贵贱”的礼形成鲜明的对照。法家为什么要这样主张？在法家看来，贵族垄断经济（土地）、政权，是不公平的；而平民阶级经济上要求土地可以私有，也就是说，贵族可以占有土地，平民也可以占有土地；政权上，要求按照功劳和才能的大小来授予官爵，废除世袭，这才是公平的。因此，他们认为，应该按照平民的意志来立法，只有这种法才算是“法”，按贵族意志来立法，那不是“法”，而是“礼”。他们认为，“礼”是不公平、不客观的。从这里可以看出，法家所讲的“法”，不是一般的法律，而是指体现平民意志的法律，这也是“法”字本来的含义。法字古文作“灋”，又作“佱”，就是合于正的意思。要注意的是，与资产阶级的平等不同，法家只反对贵族世袭特权，不反对等级、特权。

另一类则把“法”与刑结合起来，这种结合是把“法”作为定罪量刑的依据，把刑以及与刑相对应的赏作为实施“法”的手段。

如《韩非子·定法》说："法者，宪令著于官府，赏罚必于民心。赏存乎慎法，而罚加乎奸令者也。"意思是说：法，是在官府中明显地写着的法律，使赏和罚在人民心中都有准确的认识。所以受赏，其原因在于能谨慎地守法，而惩罚则加于扰乱法令者。这种"法"刑结合，有两个特点：

一是区别于贵族的"礼"。因为在奴隶主贵族的"礼治"中，"礼"和刑是分开的，"礼不下庶人，刑不上大夫"，"礼"用来调整贵族内部的关系，刑则主要用以镇压奴隶和平民；法家要求"法"、刑结合，意味着刑上大夫。

二是"法"的强制性。"法"既然以刑为保证，"法"就成了人民必须遵守的行为规范，具有以国家暴力为后盾的强制性，违犯法令就要受到刑罚的制裁。

法家既然把法律看作公平的、正直的，因而他们便进而认为法律应该为整个国家的利益服务，它高于所有社会成员包括最高统治者在内的利益。《慎子·威德》说："古者立天子而贵之者，非以利一人也。曰：天下无一贵，则理无由通，通理以为天下也。故立天子以为天下，非立天下以为天子也；立国君以为国，非立国以为君也；立官长以为官，非立官以为长也。"其中，"立天子以为天下，非立天下以为天子也；立君以为国，非立国以为君也"，是这段话的核心。要求天子利益和天下的人的利益相一致，国君和整个国家的利益相一致。人们立天子、立国君的意愿就是这样。而不是反过来，立天下、国家为天子、君主一个人。他们把统治阶级中的个人利益（包括天子君主）称为"私"，统治阶级的整体利益称为"公"。"法"体现了"公"，因而是"公法"。《商君书·定分》说："法者，民之命也；法爱民，去任私。"《艺文类聚》引慎子佚文说："故治国无其法则乱，守法而不变则衰。有法而行私，谓之不法。"《韩非子·问田》说："立法术，设度数，所以利民萌,便众庶之道也。”

“公”高于“私”,“法”当然也高于“私”,因此,“私”必须服从“法”。对此,《艺文类聚》引慎子佚文说:“法之功莫大使私不行,君之功莫大使民不争。今立法而行私,是私与法争,其乱甚于无法。”《韩非子·诡使》说:“夫立法令者,以废私也。法令行而私道废矣。私者,所以乱法也。”从维护地主阶级的整体利益出发,他们坚决反对“君臣释法任私”,把法律丢在一边,自己搞自己的一套。

二、法律的起源

法家的法律起源论完全排除了西周以来的天命神权思想。他们认为,法律和国家都是历史发展到一定阶段的产物,并不是人类社会一开始就有的。人类社会在“民知其母不知其父”的原始时代,并没有法律和国家。社会发展到一定阶段以后,人与人、族与族之间,经常发生争夺。为了制止争夺,为了“定分”、“止争”,需要“立禁”、“立官”、“立君”,这样才产生了国家与法律。“定分”,有的时候,法家又称之为“明分”。“定分”、“明分”就是明确规定人们的权利义务。“分”即“作为土地、货财、男女之分”(划分土地、财物、男女的分界),主要指以土地私有制为基础的财产所有权。所谓“立禁”,就是要制定法律、禁令来保护人们的权利,保护人们的私有财产权,用国家的暴力来制止争夺,维护社会秩序。法家的这种法律起源论,没有君权神授的思想,而且由于他们把国家和法律的起源与“定分止争”联系起来,和财产关系联系起来,因此,也就初步接触到这样一个命题:国家和法律是适应保护私有制的需要而产生的。同时,也隐隐约约地看出了国家和法律是在突破民族组织血缘关系的情况下产生的。他们否定了“亲亲而爱私”的血缘关系。在法家的这种起源论中,法律的产生既然在于“立禁”、“止争”,这样法律的本身也就具有强制性,非遵守不可。他们自己也毫不掩饰国家和法律的这种暴力性。他们说,国家和法律是干什么的,就是“内行刀锯,外用甲兵”,即对内实行镇压,对外从事战争的工具。

三、法律的作用

关于法律的作用,《管子·七臣七主》曾精确概括说:“法者,所以兴功惧暴也;律者,所以定分止争也;令者,所以令人知事也。法律政令者,吏民规矩绳墨也。”

从这段话中,我们可以看出,法家认为法律主要有三个方面的作用:

第一个作用是“兴功惧暴”。“兴功”主要指富国强兵,这是法家进行兼并战争,统一全中国的要求。从他们的先驱者管仲起,就提出这种主张,到了战国时期,为了取得兼并战争的胜利和实现全中国的统一,法家对富国强兵的要求更加迫切。奖励耕战(农战)的政策,就是兴功的具体内容,“行军功,分田宅”。所谓“惧暴”,即用法律镇压被统治者的反抗,从而迫使被统治者服从统治。

第二个作用是“定分止争”,这是法律的最重要的作用,前面已稍带提到。这个作用,主要是指用法律保护以土地私有制为基础的财产所有权。几乎所有的法家主要代表人物如商鞅、慎到、韩非等都强调“定分止争”的重要性。他们曾多次举同一个形象的例子:“今一兔走,百人逐之”,为什么那么多人追逐这只野兔呢?因为这只野兔是无主物,“分”未定,即所有权还没有确定。所以,大家都去追,谁抓到了,所有权就属于谁。相反,“积兔满市”，市场上摆满了兔子，但“行者不顾”，是不是人民都不想要兔子了呢？不是的。因为“分已定矣”，所有权已经确定，只能通过买卖行为使所有权转让，而不能争抢夺。“分已定，人虽鄙，不争。”商鞅在这个基础上还进一步指出：如果“名分”未定，即所有权还没有确立的时候，就是尧舜这样的圣人，也会像快马那样去追兔子；而如果“名分”已定，所有权已经确定了，就是小偷也不敢随便去取。法家这种维护私有制的观点，还是战国时期以土地私有制为基础的财产私有权和私有观念进一步发展的反映。用现在的话说，就是保护私有制。

第三个作用是“令人知事”，就是说，法律可以统一全民的行动，使他们作为或不作为。它是君主“壹民使下”，即统一老百姓役使臣下的重要手段和工具。

总之，法律是“吏民规矩绳墨”，即准绳，它的作用如此之大，所以，他们认为治国不可无法，坚决主张“以法治国”的法治。

第二节　法家推行“法治”的理论

法家法律思想的核心，是“以法治国”的“法治”。“法治”与“礼治”、“德治”、“人治”的对立，是法家与儒家争论的焦点。“以法治国”不但高度概括了当时法家在政治、法律思考上的全部主张，而且涉及法理学上的很多问题。法家是战国时期继墨家之后、反对儒家最有力的学派。法家所主张的“法治”，正是在政治、法律思想上作为儒家的对立面而提出来的，这种对立主要表现在三个方面：

(1)“法治”与“礼治”的对立。法家认为，只有法才是公平的、正直的,礼则是不公平、不正直的。礼法对立,实质上是两种不同性质的法律与制度的对立。“礼治”维护贵族世袭特权,“法治”则要求“不别亲疏,不殊贵贱,一断于法”;反对贵族世袭各级官吏的宗法等级制度和垄断土地所有权的土地国(王)有制;主张土地私有,允许自由买卖土地和根据功劳与才能的大小高下选拔官吏。需要注意的是,荀子也坚持“礼治”,但是,他反对世袭制,他的“礼”已和法相近。

(2)“法治”与“德治”的对立。这种对立,主要是统治方法的对立。有的学者认为,用“刑治”、“德治”这样的概念更好,就是说是刑治与德治的对立。“德治”(或“仁政”)主张“以德服人”,强调道德与教化的作用,相对地轻视法律及其强制作用(但不是不要法律);“法治”主张“以力服人”,“不务德而务法”,强调法律的暴力作用,把法律的强制手段看成最有效的,甚至是唯一有效的统治方法,轻视甚至否定道德教化的作用。

(3)“法治”与“人治”的对立。这种对立,是指在治理国家上“法”和“人”谁起决定作用。儒家强调“人治”,认为“为政在人”,“其人存则其政举,其人亡则其政息”,治理国家起决定作用的是“人”而不是“法”。法家则与此相反,强调“法治”,认为“以法治国,举措而已”。他们强调治国的关键是“法”而不是“人”。他们抨击“人治”并把“人治”说成统治者随心所欲的“心治”或“身治”。在这个问题上,慎到首先指出,“君人者,舍法而以身治,则诛赏予夺,从君心出矣。然则受赏者虽当,望多无穷;受罚者虽当,望轻无已。君舍法而以心裁轻重,则同功殊赏,同罪殊罚矣,怨之所由生也”。① 就是说,赏罚予夺,如果不以法律为依

① 《慎子·君人》。

据,而由君主个人的主观意志来决定,势必造成同功不同赏,同罪不同罚,这就是产生怨望的根源。也就是说,没有法律,就没有准绳,没有标准。法家在这里,首先批评儒家的“人治”为长官意志。集法家思想之大成的韩非,后来进一步发挥慎到的思想说:“释法术而任心治,则尧不能正一国。”[①]他的意思是说,尧这样的圣人,也应该按照法律办事,不依法律,他连一个诸侯国也治理不好,更不要说治理天下了。为了强调法治优于人治,慎到甚至提出:“法虽不善,犹愈于无法,所以壹人心也。”[②]法律虽然不完善,也比没有法律好,因为它能统一人心。百家争鸣,法家可以批评儒家的“人治”。但是,他们的批评是先歪曲儒家“人治”内涵,然后把被歪曲的“人治”帽子戴在儒家头上。接着以这种被歪曲的“人治”作为批判对象进行批判。其实儒家的“人治”并不是他们所说的“人治”,而是“贤人之治”、“圣人之治”,只不过这种“贤人之治”、“圣人之治”从未有过而已。

法家推行“法治”的理论主要有两点:

一、“好利恶害”的人性论

“好利恶害”或“趋利避害”,是法家对人性的认识,其法治思想的理论基础,就建筑在这种人性论上。这种本性,人一生下来就有,看见对自己有利的东西就喜欢,见到对自己不利的、有害的东西就避开。他们曾经列举不少例子来说明人的见利则趋,见害则避的本性。如商人做生意,他们不避风霜,不远千里,昼

---

① 《韩非子·用人》。

② 《慎子·威德》。

夜兼程，一天走两天的路，备尝艰苦，把货物从这里运到那里，目的是为什么呢？那是因为有利可图，“利在前也”。又如打鱼的人，他们出没江河湖海，踏惊涛、履恶浪，甘冒风险，是因为水中有利可图，“利在水也”。因此，他们认为，人只要有利可图，“虽千仞之山，无所不上；深渊之下，无所不入”。不怕山高海深，无所不入。人的这种好恶，被法家看成能对人民实行法治的根据。商鞅有句名言，叫做“人性有好恶，故民可治也”。法家认为，人不好利，赏不能使之动，罚不能使之惧，这种人违反人的本性，最难治，对这种人，最好的办法是统统杀掉。由于“人性好爵禄而恶刑罚”，人最喜欢做官发财，最害怕刑罚，所以赏罚的法律手段就成了治理国家的最好方法。这样，就无须采用儒家的那一套“仁义”、“恩爱”来进行统治。

韩非在这个问题上走得更远，他把“好利恶害”的人性论发展成人人都有自私自利的“自为心”。在他看来，人与人之间的关系，统统都是赤裸裸的利害关系，都受“自为心”的支配。他举了很多例子，如：

> 舆人成舆，则欲人之富贵；匠人成棺，则欲人之夭死也。非舆人仁而匠人贼也，人不贵则舆不售，人不死则棺不买。情非憎人也，利在人之死也。[①]

做车的人愿意人富贵，做棺材的人愿意人死亡，都不是他们的心仁慈不仁慈，而是由他们的切身利益决定的。不但买卖之间的关系如此，父母和子女的关系也如此。他以溺婴为例说：父

---

① 《韩非子·备内》。

母为了长远利益,生下男孩就互相庆贺,生下女孩就把她杀死,这种行为本身就说明父母对待子女都要受自私自利的“自为心”的支配。父母与子女之间尚且如此,其他如君臣、君民之间,就更不能例外。君主对老百姓,“有难则用其死,安平则用其力”;君臣之间,“臣尽死力以与君市,君垂爵禄以与臣市”,君主给臣下高官厚禄,臣下就能为他效死力;臣下所以愿意为君主卖力气,是因为这样可以得到高官厚禄。不仅如此,韩非还把君臣关系描绘成“上下一日百战”的关系,非常紧张。他写《备内》,就是要君主特别警惕皇后、妃子,防止他们内外勾结、篡权、篡位。总之,在他看来,要使臣民服从,只能靠“威势”,靠“刑赏”。韩非这种“自为心”的人性论,一方面来源于前期法家,另一方面是受他的老师荀况性恶论的影响。但荀、韩有所不同,主要有两点:

(1)荀况认为人的“好利恶害”的本性通过后天的学习教育是可以改变的,这叫做“化性起伪”;就是说,可以改恶从善。韩非却认为不能改变,所以,他根本就不承认有什么道德高尚的人。他说:儒家所吹捧的尧舜这样的圣人,他们同样受“自为心”的支配。“好利恶害”、自私自利,他们实行禅让,是因为当时帝王生活很苦,让天下是为了解除自身的劳苦。因此,不能认为这是道德高尚的表现。

(2)荀况认为人性是“恶”的,韩非认为,人性无所谓善,也无所谓恶,都是一样的“好利恶害”。既然人都是自私自利的,受“自为心”的支配,所以,要使人民服从,就不能靠仁义道德,不能讲恩爱,只能靠威慑,靠刑赏。刑赏就是法律。因此,他得出结论,只有威势可以禁暴,而德厚是不足于治乱的,只能讲法治,不能讲德治。这是韩非从这种人性论出发所得出的必然的结论。

法家的人性论是当时私有制和商品经济进一步发展的产物,是商品的等价交换在人们的权利和义务关系方面的反映。

法家正是利用这种人性论来否定温情脉脉的宗法关系,否定儒家所讲的礼治、德治、人治;同时又为实行法治提供理论依据。如果说法家有自然法思想的话,这种依人的本性来实行统治的理论,也可以说是自然法思想。

二、"法与时转"的历史观

在历史观上,法家反对复古守旧,认为历史是向前发展的,不是今不如昔,而是今胜于昔,一切法律和制度都必须适应历史的发展而变化,固步自封不能治理好国家,复古倒退更不能治理好国家。他们在变法中批驳守旧的复古派,提出"不法古,不修(循)今"的口号。在他们看来,历史发展了,治理国家的方法就要跟着变化。如果不变,国家就一定会大乱。"法与时转则治,治与世宜则有功",这就是他们观察人类社会历史所得出的结论,基本符合人类社会由无阶级到有阶级的社会发展过程。

依据这种历史观,针对战国时期"强国事兼并,弱国务力守"的特点,法家认为,"礼治"已经不合时宜;富国强兵,迅速发展农业生产和加强军事力量,才是唯一的出路。韩非说:"力多则人朝,力寡则朝于人。"[①]我的力量大,人家就来朝拜我;我的力量小,就要朝拜人家,向人称臣。因此,几乎所有法家,都对"力"倍加赞颂。从这种思想出发,法家非常重视耕战,怎样才能发展农业生产和加强军事力量呢?他们从"好利恶害"的人性论出发,认为唯一有效的办法,就是颁布法令,奖励一切有利于农战(又称耕战)的人,惩罚一切不利于农战的人,以此保证人人都"喜农

---

① 《韩非子·显学》。

而乐战”。这样一来，法治在他们的心目中就成了时代发展的必然。这是整个法家的基本观点。

在历史观上，韩非比商鞅等前期法家更激进。他不但反对复古，反对保守，而且“美当今”。他把那些言必称尧舜的儒家，骂为不识时务的蠢货，把那些讲复古、讲保守的人比作“守株待兔”的蠢人。他的历史观还有一个特点，就是把历史的发展以及国家、法律的产生同人口问题联系起来，他认为，人类社会，最初人口少，货财多，所以人性虽然好利恶害，但也用不着争夺。因此，不需要国家、法律，后来，人口增加，生活资料的增长赶不上人口的增长，“人民众而货财寡，事力劳而供养薄，故民争”。[①]他举例说：“今人有五子不为多，子又有五子，大父未死而有二十五孙。”[②]生活资料赶不上人口增长的速度，分配不均，所以要互相争夺。所以，为了适应社会发展，人口增长的情况变化，就必须有国家和法律来禁暴止乱。这样一来，人口论也成了他实行法治的理论根据。

第三节　法家推行法治的方法

法家推行法治的方法，概括起来，主要有四点：

一、以法为本

有法，而且“以法为本”是法家推行法治的先决条件。但是，

---

① 《韩非子·五蠹》。

② 《韩非子·五蠹》。

法家没有把这个问题绝对化，他们认为要使法令能够贯彻执行，立法者绝对不能随意立法，他们对统治者的立法，有三个原则要求：

(1)适应时代发展的要求，制订奖励耕战、富国强兵的法令，即所谓的“当时而立法”。

(2)立法必须体现“好利恶害”的人性，这就是他们所说的“因人之情”(情：好利恶害)，“令顺民心”(民心：好利恶害的自为心)。

(3)必须考虑人民是不是力所能及。“毋强不能”，即立法时要考虑所立之法，人民是否能够遵行。否则，超越人民所能遵守的限度，即使用刑罚强迫，法律也会毫无作用。

这三点，主要是前期法家的思想，后期法家迷信暴力，主要用严刑峻法。此外，气候、地理环境、风俗习惯，也是法家提出的立法条件。

二、法令是治国的唯一标准

对于法令法家也有三个要求：

(1)法令要“布之于百姓”。法令制定以后，为了使人们能切实遵守，就必须以成文法的形式，向老百姓公布。不仅要公布公开，还要力求做到家喻户晓。他们提出，公布成文法的目的有二：一是“使万民皆知所避就”，按照法律，作为和不作为。二是“使官吏不敢以非法遇民，而民不敢犯法以干法官”。这样，既有利于防止官吏罪刑擅断，又可防止罪犯法外求情，或者刁难法官。这个主张是对传统的“刑不可知则威不可测”的秘密法的否定，打击了当时贵族和各级官吏的个人专横。

(2)“法莫如一而固”。意思就是，法令必须统一，并保持相对的稳定性。法家反对政出多门,要求由君主统一立法权,同时保持君主法令的相对稳定性,不要朝令夕改,使人民无所适从。如果朝令夕改,那么"赏"与"罚"就不能起到应起的作用。法家特别反对两种不同性质的法令并存,从而使国内法令互为矛盾,主张废旧立新。这与当时的时代相关,当时各诸侯国的政权经常处在新旧交替之中。因此,他们认为,前面君主颁布的旧法令一定要废除,如果不废除,同新的法令有矛盾,那就会使人民无所遵从,就会有利于贵族,而不利于新兴地主阶级。

(3)树立法令的绝对权威。这一条包含两个方面的内容:

一是要使法令高于一切。慎到说:"法者,所以齐天下之动,至公大定之制也。故智者不得越法而肆谋,辩者不得越法而肆议,士不得背法而有名,臣不得背法而有功。我喜可抑,我忿可窒,我法不可离也。骨肉可刑,亲戚可灭,至法不可阙也。"[①]这一点,对老百姓和各级官吏都不难,难的是对君主本人。因为君主是最高掌权者和立法者,有立法权也有废法权。为此,法家提出"不为君欲变其令,令尊于君"[②]的命题,要求法令不但高于一般臣民,而且高于君主本人。这种思想在当时是很可贵的,但是无法实行。法家否定圣人,君主当然不是圣人了,不是圣人,就要受好利恶害人性的支配。君主也好利恶害,一般人可以用法来适应这种人性,君主怎么办呢?他没有说。就是说,他提出法令要具有绝对权威,君主不守法怎么办?这个问题没有解决,是法家法治的致命伤。

二是法令一出,无论何人都必须遵守。他们不但要求各级

---

① 《守山阁丛书·子部·慎子佚文》。

② 《管子·法法》。

官吏守法，而且要求君主本人也"慎法制"："为人君者不多听，据法倚数，以观得失。无法之言，不听于耳；无法之劳，不图于功；无劳之亲，不任于官；官不私亲，法不遗爱，上下无事，唯法所在。"[①]做到"言不中法者，不听也；行不中法者，不高也；事不中法者，不为也"。[②] 对那些敢于坏法的贵族和大臣，他们主张给予坚决打击。商鞅提出"壹刑"、"刑无等级"，除君主之外，"自卿相将军以至大夫庶人，有不从王令、犯国禁、乱上制者，罪死不赦"。[③] 韩非则提出："法不阿贵"，"刑过不避大夫，赏善不遗匹夫"[④]，禁止贵族、官吏破坏法令。"以力役法者，百姓也；以死守法者，有司也；以道变法者，君长也。"[⑤]老百姓只有"服法死制"，遵守法令的义务，不但不准触犯法令，也不许议论法令，"作议者尽诛"，无条件服从。在禁止人们议论法令的同时，还主张从人们思想的根本上去解决问题，要求"禁奸于未萌"。在他们看来，禁止犯罪的最好办法是在犯罪心理尚未萌发的时候就加以禁止，用他们的说法就是"太上禁其心"。后来，又从用法令来统一人们的思想发展成"以法为教"、"以吏为师"，实行文化专政，禁止一切不合法令的仁义道德，诗书礼乐。结果，由商鞅的"燔诗书而明法令"，导致出秦始皇、李斯的焚书坑儒，实行肉体消灭。

---

① 《慎子·君臣》。

② 《商君书·君臣》。

③ 《商君书·赏刑》。

④ 《韩非子·有度》。

⑤ 《艺文类聚》，卷五十四"刑法部"引慎子佚文。

三、依法运用赏罚

在运用赏罚上，法家也有三个主要主张：

(1)“信赏必罚”与“厚赏重罚”。前者指按照法令规定，该赏的一定要赏，该罚的一定要罚，以取信于民。既不迁就权贵，也不放过近亲。“罚不讳强大，赏不近私亲”①，赏罚都不能徇私。同时，也不能赦罪和减免刑罚。“厚赏重罚”是商鞅提出的，韩非也很推崇，指赏要多，罚也要重。这样，统治者希望得到的，就能很快地得到，希望禁止的也会很快禁止。“厚赏重罚”的目的主要不在于赏罚对象本身，而在于扩大影响。在他们看来，重罚可以杀一儆百，“重一奸之罪而止境内之邪”；厚赏则可以“报一人之功而劝境内之众”②。

(2)“赏誉同轨，非诛俱行”。“非”即“诽”，就是说，社会舆论的毁誉与法律的罚赏，必须相一致。法律所赏者，必为舆论所称誉；法律所罚者，必为舆论所谴责。否则，就会“赏者有诽焉不足以劝，罚者有誉焉不足以禁”。通过赏罚，要使受罚者有恶名，受赏者有善誉。只有这样，才能禁止人们犯罪。

(3)刑多赏少和轻罪重罚。商鞅一派的法家以主张重刑著称。“禁奸止过，莫若重刑。”③他们的重刑有两个方面的含义：

一是与赏相对应，在数量上要“刑多而赏少”，反对滥赏，要求只赏有功于耕战和告奸的人，后来则发展成为只罚不赏。他们认为，“赏善”等于“赏不盗”，意即，奖赏那些做了好事的人，就

① 《战国策·秦策一》。

② 《韩非子·六反》。

③ 《商君书·赏刑》。

跟奖赏那些不偷东西的人一样。如果凡是不偷东西的人都给予奖赏,那就会不胜其赏,所以要取消赏。商鞅认为,善于治理国家的人,应该是“刑不善而不赏善”。

二是加重轻罪的刑罚,并以此而提出“以刑去刑”的理论。先秦诸家,对刑罚的主张不一。道家主张轻刑;儒家孔孟主张轻刑,荀况主张重刑,但他的重刑与法家不一样,他主张普遍的重刑,还有一点主张“刑称罪”的味道;墨家主张罪刑相称,这种思想比较先进。西方刑事古典学派的刑法三大原则:罪刑法定、罪刑相称、刑罚的人道主义,墨家有点相同。法家主张“轻罪重罚”或“重轻罪”。在他们看来,只要加重轻罪的刑罚,使老百姓害怕得连轻罪都不敢犯,重罪也就不会发生了。这样一来,就可达到“以刑去刑,刑去事成”的目的。所以,从这种理论出发,他们既反对重罪轻判,也反对罪刑相称的“重重而轻轻”,即,重罪重刑,轻罪轻判的罪刑相称。他们认为,“重重”而轻轻,是就事论事的办法,达不到“以刑去刑”的目的。这种观点的提出,遭到儒家的猛烈攻击,儒家主张“以德去刑”,认为重刑伤民,轻刑就可制止犯罪。韩非一派法家,受道家思想影响,曾经有赏过失民,刑过民不畏的观点,有点反对重赏重罚主张罪刑相称的味道。当儒家提出“重刑伤民,轻刑可以止奸”的观点时,他马上给予批驳,认为“夫以重止者,未必以轻止也;以轻止者,必以重止矣”。就是说,用重刑制止的犯罪,用轻刑不一定制止得住;用轻刑可以制止的罪,用重刑肯定能制止。他并提出两点:一是轻刑不能止奸。他认为,人是好利恶害的,人之所以犯罪,是因为犯罪有利可图,犯罪后,如果加的刑罚轻,刑罚加给他的损害比他犯罪所得的利小,就不能制止犯罪。如果加重轻罪的刑罚,使刑罚所加的损害,大于他犯罪所得的利,权衡利害,他就不敢犯罪。二是轻刑伤民,而不是重刑伤民。因为刑罚轻,不能制止犯罪,就会使大家都去犯罪。犯了罪不惩罚，国家就要乱，惩罚吧，又惩人太多。因此，轻刑实际上是引诱老百姓去犯罪，伤害老百姓。所以，他认为轻刑伤民，重刑是爱民。赞成并维护“以刑去刑”。所以，最终也仍然主张重刑。

四、“法”、“势”、“术”相结合

在前期法家中，商鞅、慎到、申不害分别以重法、重势、重术而各成一派。三派都主张法治，侧重点不同而已。韩非总结了三派的思想，提出了“以法为本”，法、势、术三者紧密结合以实现“法治”的观点。这一思想的要点有二：

(1)“抱法处势则治。”“势”指权势。慎到重势，他认为，贤人为什么要被不肖的人统治，原因是不肖的人有“势”。他举例说，孔子是贤人，但为什么他必须接受鲁哀公这样的庸才的统治？原因是鲁哀公“权重势尊”，而孔子是“权轻位卑”。韩非总结他的思想，他认为权势对君主来说是十分重要的。君主如果无“势”，就不能发号施令，也不能行赏施罚。这样一来，“法治”也就成了一句空话。反之，有势无法，那就不是“法治”而是“人治”。因此，他主张法、势结合，法不能离开势，势也不能离开法。“抱法处势”才是最好的办法。此外，他还强调，“势”必须由君主“独擅”，用今天的话说，就是专制。否则，臣下“擅势”，君主就会大权旁落，反而被臣下所制。势“在君则制臣，在臣则胜君”。他打了个比喻，权势就像老虎的爪牙，君主有势，就是有爪牙的老虎，君主如果失势，势在臣下，臣下就会变为有爪牙的老虎，君主就会变为被老虎吃掉的犬。

(2)“法、术皆帝王不可一无之具。”“术”，指君主掌握政权，贯彻法令的策略和手段，它的作用在于维护君主专制，使君主易于察觉和防止贵族、大臣篡权夺位和阳奉阴违不遵号令。申不害以重“术”著称，他有一段论说：

> 明君如身，臣如手；君若号，臣若响。君设其本，臣操其末；君治其要，臣行其详；君操其柄，臣事其常。为人君者操契以责其名。名者，天地之纲，圣人之符。张天地之纲，用圣人之符，则万物之情，无所逃之矣。故善为主者，倚于愚，立于不盈，设于不敢，藏于无事，窜端匿疏，示天下无为。是以近者亲之，远者怀之。示人有余者，人夺之；示人不足者，人与之。①

韩非从人人“皆挟自为心”的人性论出发，把君臣之间的关系看成“上下一日百战”的关系。为了解决君臣之间的这一矛盾，巩固君权，所以他重视“术”，要求君王用“术”来贯彻法令，加强吏治。但他反对“徒术而无法”，始终坚持“以法为本”，认为“法”与“术”都是君主手中“不可一无之具”，两者应该紧密结合。韩非讲术讲了很多，大体可分三类：

一类是阳术，叫“因任(能)而授官，循名而责实”。前者是选拔官吏的方法，后者是考核官吏的方法，要求按才能授官，按职务的规定来考核臣下的实际工作。法家考核官吏的方法很严厉也很机械，各级官吏都要不折不扣地履行职责，该做的未做，或做少了要罚，做多了，做过了头，也要罚。韩非举例，韩昭侯用典衣、典冠事，罚典衣是因其失职，罚典冠是因为他越权。韩非认为这种做法很对。

---

① (唐)魏征辑：《群书治要》，卷三十六，《申子·大体》。

另一类是控制臣下的阴谋权术,叫“潜御群臣”。他讲了很多不可告人的阴谋,如“倒言反事”,即试探臣下,用反语问臣下。“挟知故问”,知道的事装作不知道而问臣下。用这些阴谋权术考察臣下是否忠于自己,使臣下感到畏惧,唯君主之令是从,不敢有非分之想。

还有一类是介于上两类之间,叫做“君道无为,臣道有为”。“君道无为”是从道家来的,也叫“君人南面之术”,就是君主除抱法处势用术之外,不做任何具体工作,也不暴露个人的好恶,这样就可以防止臣下投己所好,猜测自己的意图。具体工作交给臣下去做,做好了,是君主的功劳,是君主贤明;做错了,与君主无关,罪在臣下,臣下领罪时还要喊:“皇上圣明,臣下当诛。”韩非把这总结成一句话,叫做“有功则君有其贤,有过则臣服其罪”。封建社会几乎所有的统治者都学这一套,一切功劳归自己,一切错误归别人。

韩非的“以法为本”,法、势、术相结合的思想,是先秦法家思想的总结和归宿,其目的在于为新兴地主阶级建立统一的专制主义中央集权制国家服务。

第四节　法家法治的重心:治吏治官

在春秋战国社会“废井田,开阡陌;废分封,立郡县”转型过程中,适应社会的这种转型,法家提出的用“法”来治理国家社会的这套理论,确实比较系统、比较完整地应对了转型过程中出现的各种新问题。这套理论,触及了“法”的本体,即论证了法是什么,或者说什么是法,这样一个哲学上的本体论问题。这个问题,历来是法理学上很难回答的问题,言人人殊。法家依据当时的社会变化,做出了自己的回答,这是他们对中国古代法理的重要贡献。不仅如此,他们还论证了为什么要实行法治,以及怎样推行法治的问题。这是一套完整的理论体系,不能将他们割裂,否则就很难理解。

除了论证"法"是什么,为什么要实行法治,怎样实行法治,这些法治的基本理论问题之外,法家法治理论还有一个重要问题就是,"法治"所"治"的重心是什么?

先秦各家学派,特别是儒法两家,儒家中特别是荀子,在论述人类社会时都特别强调,人类要生存要发展,就必须组成社会,也就是他们常说的"群"(严复讲"群学",就是今天的社会学)。而要使这个"群"、这个社会能够有序,就必须对"群"也就是对社会进行有效的管理。"分均则不偏,势齐则不一,众齐则不使。"①荀子的论证,非常精辟。权力,是人类对社会进行管理的结果,政权、国家由此而生。在春秋战国之前,封国土建诸侯,国家权力的管理者是贵族,周王依靠血缘纽带,通过宗法关系掌控全国政权,让自己的亲属掌控地方政权。废分封立郡县,分封制消亡,宗法血缘对国王掌控全国政权无能为力。对于这一点,儒法两家都有认识。只不过儒家对过去的礼治还有一点留恋,法家则毫无留恋而已。因此,儒家面对国家社会的这种变化,只能提出"举贤才"、"尊贤使能"、"贤才不待次而举"等思想命题,希望对贵族法治即礼治进行改良,在保留宗法血缘的前提下,由亲及疏,由近及远,以血缘贵族中的贤才为主导,加上没有贵族身份的贤才,共同掌控政权、管理国家。法家不同于儒家,面对

---

① 《荀子·王制》。

废分封立郡县这样一个全新的社会，韩非十分明确地提出，当今社会，连父子兄弟都受“自为心”的支配而不讲什么恩爱道义。君主与百官的关系也是这样：“今上下之接，无父子之泽，而欲以行义禁下，则交必郄（间隙、怨恨）矣。”①权力高度集中的君主，怎样转动从中央到地方这部庞大的国家机器呢？他给君主开出的药方就是“不别亲疏，不殊贵贱，一断于法”、“刑过不避大夫，赏善不遗匹夫”，排除血缘身份，一切以法为断。按照功劳的大小，依照法律设定的等级，任命各级官吏，由他们依照法令的规定，管理社会，掌控各级政权，把社会交给没有血缘关系的官吏去管理。这就给掌控全国政权的君主提出了一个新的严重问题：“一人专制，需要有人分担他的权力，但又最害怕有人分担他的权力。”②这是整个帝制时代、郡县制时代的一个悖论。它涉及这样一个问题，就是“分担君主权力”的各级官吏，天高皇帝远，自行其是，搞独立王国，不听君主的号令怎么办？更为严重的是，处心积虑，一心想取国君之位而代之的野心勃勃之官吏也大有人在。法家早就看出了这个问题。《申子·大体》就说：“今夫弑君而取国者，非必逾城郭之险而犯门闾之闭也。蔽君之明，塞君之聪，夺之政而专其令，有其民而取其国矣。”怎么办？这正是法家中出现法治、势治、术治，以及后来韩非法、势、术三者结合，实行专制法治的原因。这样的专制法治，把“治”的重心放在治官上，这是法家法治发展的逻辑结果。“明主治吏不治民”这个思想命题，可以说就是韩非对法家法治落脚点的高度概括和总结，是法家法治的归宿。

---

① 《韩非子·六反》。

② 徐复观：《两汉思想史》（第一卷），华东师范大学出版社，2001 年，第 135 页。

君主怎样治吏？法治如何治官？法家代表有很多论说，上至君主的后妃太子，下至郡县僚佐，几乎都讲到了。下面，我引用他们的一些著作，看看他们是怎么论证的。

先看商鞅：

所谓壹刑者，刑无等级，自卿相将军以至大夫庶人，有不从王令、犯国禁、乱上制者，罪死不赦。有功于前，有败于后，不为损刑。有善于前，有过于后，不为亏法。忠臣孝子有过，必以其数断。守法守职之吏有不行王法者，罪死不赦，刑及三族。(周)[同]官之人，知而讦之上者，自免于罪，无贵贱，尸袭其官长之官爵田禄。①

故法者，国之权衡也。夫倍法度而任私议，皆不知类者也。不以法论知、能、贤、不肖者，惟尧；而世不尽为尧。是故先王知自议誉私之不可任也，故立法明分，中程者赏之，毁公者诛之。赏诛之法，不失其议，故民不争。②

国之所以治者三：一曰法，二曰信，三曰权。法者，君臣之所共操也；信者，君臣之所共立也；权者，君之所独制也。人主失守，则危；君臣释法任私，必乱。故立法明分，而不以私害法，则治。③

---

① 《商君书·赏刑》。
② 《商君书·修权》。
③ 《商君书·修权》。

靳令则治不留，法平则吏无奸。法已定矣，不以善言害法。①

朝廷之吏，少者不毁也，多者不损也，效功而取官爵，虽有辩言，不能以相先也，此谓以数治。②

凡将立国，制度不可不察也，治法不可不慎也……治法明，则官无邪。③

法之不明者，君长乱也。故明君不道卑，不长乱也。秉权而立，垂法而治，以得奸于上，而官无不；赏罚断，而器用有度。④

接着看慎到：

明主之使其臣也，忠不得过职，而职不得过官。是以过修于身，而下不敢以善骄矜。守职之吏，人务其治，而莫敢淫偷其事。官正以敬其业，和顺以事其上。如此，则至治矣。⑤

君臣之间犹权衡也，权左轻则右重，右重则左轻。轻重

① 《商君书·靳令》。
② 《商君书·靳令》。
③ 《商君书·壹言》。
④ 《商君书·壹言》。
⑤ 《慎子·知忠》。

迭相橛，天地之理也。[①]

再看申不害：

君必有明法正义，若悬权衡以称轻重，所以一群臣也。[②]

再看《韩非子》：

人主者，守法责成以立功者也。闻有吏虽乱而有独善之民，不闻有乱民而有独治之吏，故明主治吏不治民。[③]

官之重也，毋法也；法之息也，上暗也。上暗无度则官擅为，官擅为故奉重无前，奉重无前则征多，征多故富。官之富重也，乱功之所生也。[④]

今上下之接，无父子之泽，而欲以行义禁下，则交必有郄矣。且父母之于子也，产男则相贺，产女则杀之。此俱出父母之怀衽，然男子受贺，女子杀之者，虑其后便，计之长利也。故父母之于子也，犹用计算之心以相待也，而况无父子之泽乎！……圣人之治也，审于法禁，法禁明著则官法；必于赏罚，赏罚不阿则民用。官官治则国富，国富则兵强，而

① 《太平御览》，卷第八百三十，“资产部”十，“秤”。

② 《太平御览》，卷第六百三十八，“刑法部”四，“律令”。

③ 《韩非子·外储说右下》。

④ 《韩非子·八经》。

霸王之业成矣。①

术者，因任而授官，循名而责实，操杀生之柄，课群臣之能者也，此人主之所执也。法者，宪令著于官府，刑罚必于民心，赏存乎慎法，而罚加乎奸令者也，此臣之所师也。君无术则弊于上，臣无法则乱于下，此不可一无，皆帝王之具也。②

最后看邓析：

夫治之法，莫大于使私不行。君之功，莫大于使民不争。今也，立法而行私与法争。其乱也，甚于无法。立君而尊贤与君争，其乱也，甚于无君。故有道之国，法立则私善不行，君立而贤者不尊。民一于君，事断于法，此治国之道也。明君之督大臣，缘身而责名，缘名而责形，缘形而责实，臣惧其重诛之至，于是不敢行其私矣。③

夫任臣之法，暗则不任也，慧则不从也，仁则不亲也，勇则不近也，信则不信也。不以人用人，故谓之神。怒出于不怒，为出于不为。视于无有，则得其所见。听于无声，则得其所闻。故无形者，有形之本。无声者，有声之母。循名责实，实之极也。按实定名，名之极也。参以相平，转而相成，

① 《韩非子·六反》。
② 《韩非子·定法》。
③ 《邓析子·转辞篇》。

故得之形名。①

明君立法之后,中程者赏,缺绳者诛。此之谓君曰乱君,国曰亡国。②

春秋战国是中国社会的第一次大转型。在由分封制到郡县制,由贵族宗法世袭制到官僚委任制的转变过程中,如果把儒家对西周以来的礼治进行改造、修正、充实,看成转型的第一步,那么法家主张的法治就是第二步。这两步用今天的话来说,第一步是量变,第二步是质变。在分封制与郡县制、贵族宗法世袭制与官僚委任制博弈的过程中,当分封和贵族宗法世袭还占优势之时,完全抛弃周礼是不可能的,这时只能修正、改造。而当郡县制和官僚委任制已成无法逆转之势时,法治任谁也阻挡不了。继续"任人唯亲",让无能的血亲治理郡县,只会带来灭国杀身之祸,只有"任人唯能"、"任人唯才",任命有能力的、没有血缘关系的官员治理郡县,才是唯一出路。这正是法家的法治只能出现在战国,并在战国结束时成为主导思想,并初步形成制度的内在原因。这也正是法家法治,把"治"的重点放在"臣下"身上的原因。"生法者君也,守法者臣也,法于法者民也","臣下"与君主没有血缘关系,是"能人",也是对君权威胁最大的人。法家对此看得十分清楚,所以"治"的重点必然是"吏"。官治好了,民是不难治的。怎么治呢?用法,让官员完全依法作为,这就是法家法治的最后结论。到了汉代,尽管反秦反法家,但由于君主制度的建立需要"治吏",故这种思想仍被普遍接受。《淮南子·主术

① 《邓析子·转辞篇》。
② 《邓析子·转辞篇》。

训》即说:“立君也,所以剬有司,使无专行也。”正是在这个意义上,王亚南先生得出结论:秦汉以后的帝制社会,“在天下已定或大定之后,(皇帝)主要还不是为了对付人民,而是为了对付臣属哩!”①

① 王亚南:《中国官僚政治研究》,中国社会科学出版社,1981 年,第 63 页。

秦汉以后的君主/官僚/专制/帝制“法治”

法家强调过君主自己要守法，要以法而治。但是，在制度设计上，没有解决君主不守法该怎么做的问题。法家的法治只“治”臣民，不治君主。而在所治的“臣民”中，又把重点放在“治吏”上，或者说，放在“臣下”身上。这是法家法治所要达到的目的，实际上也是春秋战国社会大转型时代，社会做出的选择。试想，在封邦建国、贵族世袭的西周和春秋时代，血统就解决了全国的治理权问题。所以，有人说，这是一个“血而优则仕”的时代，“龙生龙，凤生凤，老鼠生儿打地洞。”贵族的血统高贵，所以贵族永远是贵族，不管你是不是贤能、贤才。但是，社会进入战国以后，井田废、阡陌开。土地私有，激发了人对财富的贪欲。由此而来的争战，使各诸侯国君经常处于亡国丧身的危机之中。按血缘“封土而治”、“分地而食”的分封制走到尽头。中央集权，封国变为郡、县，应运而生。君主把权力集中到自己手上，但是地域辽阔、郡县众多的天下，君主一个人是治理不过来的。接受君主的委任而去管理天下的郡守、县令等官僚集团，终于取代血缘贵族，挑起治民的重任。因此，法家为君主管理国家而设计的法治，“治吏不治民”，实在是时代发展的必然。

但是，官并不好治，因为他们是有能有才的人，可能还是野心家，时刻在觊觎皇帝的宝座。法家提出了治吏的命题，也有一些制度设计，但是还来不及进行完整的制度设计。建立一个完整的依法治吏的制度体系是一个缓慢的历史过程。按照金克木先生的形象比喻，“秦始皇构建了大帝国的框架，组装了硬件。汉武帝确定了大帝国的中枢运作机制，加上了软件”①。硬件是帝国的基础条件，有哪些呢？金先生分析说，就是经济方面和文化方面的“车同轨，书同文”。

“车同轨”就是修建全国性的驰道，这是当时的高速公路、高速铁路。此外，还有统一度（长短尺寸）量（升斗）衡（秤），统一币制、统一全国的货币，大规模移民，重新分配区域财富。通过这些硬件，统一全国市场，为统一的大帝国的生存打下经济基础。

“书同文”就是统一使用并且简化全国文字。当时纸和印刷术还没有发明出来，更不要说电脑了。文字简化统一，便利了书写简帛，信息流通，奠定了通行到现在的汉字基本形式。相应的文化措施是设置博士官职，禁止私学（私人讲学，孔子以来极盛），“焚书坑儒”，“以法为教，以吏为师”。私学变为官学，由政府统一掌握文化教育。用这些硬件，统一文字，统一全国的意识形态。

这些硬件，特别是“车同轨，书同文”这两大硬件，是中华帝国能够持续运行几千年，今后还将为人民国家持续运行的硬件。这是就“帝国”而言，具体到帝国中的某个、某家帝王那就不行了。有了硬件，还要看这些帝王们能不能设计软件，软件设计出来后，能不能经常维修。否则，软件出现漏洞，又没有补丁去补，

① 金克木：《风流汉武两千年》，载氏著：《风烛灰——思想的旋律》，生活·读书·新知三联书店，2002年，第111页。

这样的电脑，硬件虽在，也无法运转，最后是死机停转。这正是中华帝国活了几千年，秦帝变为汉帝，以后一直变到清帝的原因。

秦始皇车同轨书同文，开运河凿灵渠，筑长城建都江，确立郡县制，统一全中国，集权中央，建造了一个庞大的帝国。他高居权力的顶端，一个人白天黑夜，还不断出巡，按照韩非的“明主治吏不治民”，用法势术去治吏。但是制度的建立是一个过程，需要时间。法势术三者结合治吏，说起来容易，落实成为制度，不是一件简单的事情，治吏他主要用术，没有一套比较完整的制度。对此，金克木先生说得很精彩，姑录于此：

> 秦始皇独霸天下后，取消分封建国的制度，划天下为郡县，由皇帝直接统治，派官员管理，原来的一些板块合并成一整块。皇帝周围设立丞相等官职，分担任务协助皇帝。朝廷以下有层层官吏，全国形成一座官僚金字塔。①

但是：

> 秦朝官僚金字塔的建筑材料不是石头而是泥沙。毛病首先出在皇帝独断专行，缺少由他控制的可以经常运转的有力的枢轴以推动整个帝国的官僚大结构，丞相等等只是谋士、办事员，不是主持人，以致他突然死在京外路上，小儿子就可以乘机不发消息而假传圣旨，害死长子和大将，自己

---

① 金克木：《秦汉历史数学》，载氏著：《风烛灰——思想的旋律》，生活·读书·新知三联书店，2002年，第135页。

> 继承帝位，再消灭丞相，实际成为更加孤独的“独夫”，于是亡国了。由此看来，皇帝是个虚衔、一个名、位，至高无上，但不一定等于统治全国的实际权力。好比数学上的零，本身什么也没有，不过是表示一个不可缺少的位。但前面有数字再加上表示乘方的指数时就有了意义。可以达到无限大，一个零点可以显出数轴上的正、负，零发挥作用时力量无穷，失去作用时什么也不是。秦始皇开创了帝国的规模，但没有创造成功帝国运转的机制。①

“没有创造成功帝国运转的机制”，什么机制？就是使官僚机构依法运转的机制。法家讲力，力就是武力。用武力才能夺取政权，但是单凭武力不能长期巩固政权。夺取政权，官僚金字塔建成后，文治武功，都必须有依法运转的机制。一部庞大的国家机器，如果没有依法有效运转的机制，就像电脑有硬件没有软件，或者说没有好的软件一样，运转不了，或者运转不久就死机。秦始皇建立的帝国就是这样死机报废的。汉朝建立，同样面临秦始皇所面临的问题。刘邦和他的后继者都很聪明，吸取秦始皇的教训，无为而治，不敢轻举妄动，慢慢积累经验，终于在汉武帝的时候，把运作中央集权制大帝国这部国家机器的软件初步设计出来。

秦汉以后的帝国机制，不管是宫中府中（或者说内廷外廷）、后妃宦官、宗室藩王，还是中央地方、文官武将等等，总之，运转帝国这部官僚机器的制度规范规则，逐步建立、逐步完备。这就

---

① 金克木：《秦汉历史数学》，载氏著：《风烛灰——思想的旋律》，生活·读书·新知三联书店，2002年，第135—136页。

是韩非“明主治吏不治民”的思想理论制度化规范化；这也是法家“不别亲疏不殊贵贱一断于法”的制度之治、规范之治、规则之治；亦是君主/官僚/专制/帝制的“法治”，而不是“别亲疏殊贵贱”、“血而优则仕”的贵族法治。这种官僚法治，在它的发展过程中，渗入了宗法观念，主要体现在君臣关系和父子关系上。帝就是国，国就是帝，“帝国”合称；君是父，父是君，皇帝是天之子，所以称“天子”；“天子”是当然的万民之主，万民之主当然也是万民之父。辈分再高，见皇帝也要跪下叩头，所以“君父”合称。各级地方官是皇权的代表，因此老百姓称他们为“父母官”。但是，这些宗法观念的渗入，无法改变这种官僚法治的性质。现在人们爱用“本土资源”这个词，那么官僚法治中渗入的这种宗法观念，可以说是我们的祖先完美地利用了“上古资源”。

这种帝制法治/官僚法治怎样去“治”？这是一个非常庞杂的问题，但最主要的有三个方面：一是官员的选任，二是官员的任职，三是官员的监督。

在官员的选任上，从战国开始到清朝为止，大体是按照这样一条线索进行的：军功、养士——察举（荐举）——九品中正制——科举制。军功、养士主要在春秋战国。从春秋末期开始，“食有劳而禄有功”，以军功授官的选官制度逐步确立。商鞅变法，初定军功爵十二级，后为二十级。另外，养士之风盛行。平原君、信陵君、春申君都养士，鸡鸣狗盗，什么样的士都有。秦统一后，军功、养士逐步衰落，征召等新的选官办法出现。汉朝实行察举征辟制。察举又称荐举，名目很多，如贤良文学、贤良方正、孝悌力田、孝廉、直言极谏等等。征辟指皇帝和官府直接聘请人做官任职，皇帝聘人做官叫征，官府聘人任职叫辟。到魏晋南北朝是九品中正制（又称九品官人法）。隋唐以后是科举考试制度，一直到1905年才被废除。尽管不同朝代实行了不尽相同的官吏选拔制度，但各朝具体制度设立和运作的初衷都是要把君主所认可的“贤能”选拔到官吏队伍中来，以实现王朝的长治久安。

将贤能选拔为官吏，这些贤能居官之后，固可凭借其贤能更好地理政，更可凭借其贤能枉法营私，乃至谋反、谋逆，取君主而代之。臣下谋朝篡位，是君主们最关注的问题，而中国史书所记载的这类事件，可谓史不绝书。如何让这些贤能之官吏既能发挥其治国平天下之长才，又不至于威胁皇权？传统中国法制主要在任职和监督这两个方面想办法。

对官员的监督，中国自秦朝开始，即逐渐形成了较为完备的监察制度，主要有三部分：御史纠察、言官谏诤、地方监察。其中，言官谏诤主要是面对皇帝之举措，根据君道提出劝谏，跟官员之监督没有太直接的关系，兹不赘述。从理论上说，御史纠察和地方监察有其职能上的分工，前者主要监察中央官员，后者侧重地方官员。历朝历代在制度设计上，有时二者职能分化比较明确，有时则比较含混，但无论如何，这两种职能都是清楚存在的。御史纠察从秦始皇开始，秦始皇统一六国，废封建立郡县以后，疆土广大，中央的权力对于郡县，渐觉有些鞭长莫及，乃令御史出监诸郡，名“监御史”，这就是以后“部刺史”的渊源。① 同时，汉代自定官制起朝仪开始，即“以御史执法，举不如仪者辄去之”②，开始注重监察中央官员，监察制度已渐成形。③ 武帝时设十三州部刺史，监察二千石长吏和强宗豪右的违法乱制行为，主

---

① (汉)班固：《汉书》，卷十九，《百官公卿表上》，中华书局，1962年，第741页。

② 《史记·叔孙通列传》。

③ 徐式圭：《中国监察史略》，中华书局，1937年，第7页。

要强调地方监察一面。[1] 之后，以专员来治官治吏为核心内容的监察制度得以继承下来，直到孙中山还将监察权作为政府五种治权之一，故在国民政府的机构设置中，监察院是五院中的一院。

为什么说治吏是监察制度的精髓呢？[2]

第一，当朝廷中有权臣出现时，这类权臣非常讨厌监察队伍中的人从君臣关系角度来提醒君主防微杜渐，总想办法要削弱监察的力量，或者将监察机构和人员控制在自己手里，或者改变监察制度，将其权力架空。这样的例子很多。就是在元朝这个汉化较弱的朝代，也有这方面的记载："（世祖至元）五年，始建御史台，继设各道提刑按察司。时阿合马专总财利，乃曰：'庶务责成诸路，钱谷付之转运，今绳治之如此，事何由办？'希宪曰：'立台察，古制也，内则弹劾奸邪，外则察视非常，访求民瘼，裨益国政，无大于此。若去之，使上下专恣贪暴，事岂可集耶！'阿合马不能对。"[3]廉希宪所说监察制度"裨益国政"、"集事"等语，即道出了它所承担的帮助君主整饬吏治、端正官方的功能。元英宗即位时的诏书说得更明白："朕深居九重，臣下奸贪，民生疾苦，

---

① 当时明确规定刺史以"六条问事"：一条，强宗豪右田宅逾制，以强凌弱，以众暴寡；二条，二千石不奉诏书，遵承典制，倍公向私，旁诏守利，侵渔百姓，聚敛为奸；三条，二千石不恤疑狱，风厉杀人，怒则任刑，喜则淫赏，烦扰刻暴，剥截黎元，为百姓所疾，山崩石裂，妖祥讹言；四条，二千石选署不平，苟阿所爱，蔽贤宠顽；五条，二千石子弟恃怙荣势，请托所监；六条，二千石违公下比，阿附豪强，通行货赂，割损正令。（《汉书》，卷十九，《百官公卿表上》，颜师古注，中华书局，1962 年，第 742 页。）

② 为防止误解，这里还需要说明的是监察制度的精髓不只是治吏，它对于维护社会伦理风教、平反冤假错案、维护社会公正方面也自有其作用。

③ 《元史·廉希宪传》。

岂能周知？故举卿等为耳目。”①

第二，不管具体制度设计如何，监察制度本质上是官官相察：如果君主信任朝官，就用他们来察外官；如果信任亲近小官，就让他们来察疏远大官。君主与臣下的信任又非一成不变，如何能保证君主现在信任的官员在将来还值得信任呢？那还要在制度上想办法。如此一来，皇帝对监察官员的控制和任用问题就更显得重要了。历朝历代都想了些办法，设计了一些制度来保证监察官员的忠诚。其中比较重要的就是监察官员的选拔制度，如北魏时期定制，侍御史不随台主更换，使其能专心治事，不致卷入政治漩涡，以保持他与朝廷重臣的相对独立。唐御史除拜，基本全由吏部丞相和本台长官共同议定，更有少量由内诏特任。清代科道之选任，汉籍多由“行取”，凡是知县政绩优长，品行可用，都得经内外大臣荐擢选用。② 但制度无论如何细密，缺点都不可避免，尤其到王朝末期，纲纪废弛，御史团体滋生集体腐败，利用朝廷赋予的监察权，扰乱国家秩序的事情也不是没有。即便在这种情况下，君主们也不会主动废除此一制度，以自毁其耳目。针对刺史巡查制度在南朝造成“公私劳扰”的局面，史学家赵翼从民间实际利弊分析入手，认为不如废除此制为好，说：“外吏不可信而遣朝使，小官不可信而遣大僚，宜其厉官方而达民隐，乃滋累更甚，则不如不遣之为愈也。”③赵氏此论，不免书生之见，盖在专制帝国之中，正式制度之存废取决于君主而非民间，对君主而言，整饬官方较之通达民隐，在二者不可得兼的情形中，前者当然更重要。在这点上，还是顾炎武看得准，他说：

---

① 《元史·逆臣传》。

② 参考徐式圭：《中国监察史略》，中华书局，1937年，第118页。

③ 赵翼：《廿二史札记》，卷十二，《齐梁台使之害》。

“倚势作威,受赇不法,此特其人之不称职耳。不以守令之贪残而废郡县,岂以巡方之浊乱而停御史乎?”[①]也就是说,监察官员有代君主耳目进行巡视之责,岂可遽废?总之,监察制度与君主专制政体相始终的历史事实,充分证明了它既因君主要治吏而生,实际上也起到了代君主耳目以治吏的效果。

官员选任是在官员任职之前,侧重于防患于未然;官员监察侧重于惩办于事后。官员之任职则是官员在任期间的正面约束,尤显重要;且既有的研究因为“法律儒家化”概念的影响在这方面分析不够。故我将重点分析在官员的任职上是如何体现君主“治吏”这一特点的。

在官员守法任职问题方面,法家一再强调,“守法者臣也”。为了将这一重要思想制度化,从秦汉起,法律就有官员必须守法的严格规定。《史记·张汤传》载,张汤“与赵禹共定诸律(令),务在深文,拘守职之吏”。到魏晋南北朝时期,社会纷乱至极,法律制度建设鲜有成绩,颁布之法令多沿袭汉代,仅有一些具体而微的变化,《晋书·刑法志》言之甚详。可见,汉代“治吏”之法制多沿袭下来。西晋刘颂强调“宜立格为限,使主者守文,死生以之,不敢错思于成制之外,以差轻重,则法恒全”。要求各级官吏,“律法断罪,皆当以法律令正文,若无正文,依附名例断之,其正文名例所不及,皆勿论。法吏以上,所执不同,得为异议,如律之文,守法之官,唯当奉用律令”。[②] 南朝法制沿袭魏晋,其“治吏”特征显然。即便在北朝,尽管政权对立,华夷各异,但在对内“治吏”一点上却非常相近。北魏高宗太安年间,“增置内外侯

① 顾炎武:《日知录》,卷九,《部刺史》。

② 《晋书·刑法志》,载《历代刑法志》,群众出版社,1988年,第58—59页。

官,伺察诸曹、外部州镇,至有微服杂乱于府寺间,以求百官疵失。其所穷治,有司苦加讯恻,而多相诬逮,辄劾以不敬"①。又高宗和平二年正月乙酉下诏:"刺史牧民,为万里之表。自顷每因调发,逼民假贷……为政之要,莫过于此。其一切禁绝,犯者十匹以上皆死。布告天下,咸令知禁。"②北周建德六年的《刑书要制》亦规定:"监临主掌自盗二十匹以上,盗及诈请官物三十匹以上,正长隐五户及十丁以上、及地三顷以上,皆死。"③《隋书·刑法志》的评价是:"由是浇诈颇熄焉。"④

《唐律疏议》是中国历史上完整保存下来的第一部法典,大率以隋《开皇律》为准,其渊源和价值,如陈寅恪先生所言:"元魏之律遂汇集中原、河西、江左三大文化因子于一炉而冶之,取精用宏,宜其经由北齐,至于隋唐,成为两千年来东亚刑律之准则也。"⑤考虑到《唐律疏议》在中国法史上的重要地位,特将其中的502个条文逐一翻检,列表如下:⑥

篇名	条文总数	直接关于"治吏"的条数
名例	57	30
卫禁	33	28
职制	59	57

① 《魏书·刑罚志》,载《历代刑法志》,群众出版社,1988年,第210页。

② 《魏书·高宗纪》。

③ 《隋书·刑法志》,载《历代刑法志》,群众出版社,1988年,第337页。

④ 《隋书·刑法志》,载《历代刑法志》,群众出版社,1988年,第337页。

⑤ 陈寅恪:《隋唐制度渊源略论稿》,生活·读书·新知三联书店,2001年,第119页。

⑥ 参考钱大群:《唐律疏义新注》,南京师范大学出版社,2007年;刘俊文点校:《唐律疏议》,法律出版社,1999年。

续表

篇名	条文总数	直接关于“治吏”的条数
户婚	46	14
厩库	28	22
擅兴	24	21
贼盗	54	3
斗讼	60	17
诈伪	27	16
杂律	62	25
捕亡	18	10
断狱	34	31
合计	502	274

从上表可以直接看出,《唐律疏议》中直接规范官吏的条文占条文总数的54.6%,其他条文,除了一些纯技术或程序方面的条文外,规范对象多是“民”,或者是包括“官吏”在内的所有民众。即便是这些重在规范“民”的条文,也是需要“官”的行为才有实现的可能。因此,如何“治吏”是《唐律疏议》的首要关切所在。在唐代,律只是整个庞大法律体系的一部分,尽管它是最重要的一部分。《新唐书·刑法志》“序”云:“唐之刑书有四:曰律、令、格、式。令者,尊卑贵贱之等级,国家之制度也。格者,百官之所常行事也。式者,其所常守之法也。”可见,律之外的“格”和“式”,全是针对官吏所立之法;作为国家制度的“令”,也与官吏直接相关。结合前边对唐律的分析,可以得出这样的结论:整个

唐代庞大的法律体系，其中最重要的是对官吏的规范和管理，也就是如何“治吏”。

自唐以降的各朝，虽然典制迭有兴革，《唐律疏议》变为《宋刑统》直至《大清律例》，但基本精神和制度甚至条款，大都一以贯之。下面即以《大清律例》中关于“治吏”的几个较有代表性的条款，结合一些司法文书来进行简要的分析。

(1)官员遗失印信

“弃毁制书印信”律文：

> 凡[故意]弃毁制书，及各衙门印信者，斩[监候]。若弃毁官文书者，杖一百；有所规避者，从重论；事干军机、钱粮者，绞[监候]。[事干军机，恐致失误，故虽无钱粮，亦绞。若侵欺钱粮，弃毁欲图规避，以致临敌告乏，故罪亦同科。]当该官吏知而不举，与犯人同罪，[至死减一等]不知者不坐。误毁者，各减三等。其因水火盗贼毁失，有显迹者，不坐。
>
> 若遗失制书、圣旨、印信者，杖九十、徒二年半。若官文书，杖七十。事干军机、钱粮者，杖九十、徒二年半。俱停俸责寻，三十日得见者，免罪。[限外不获，依上科罪。]
>
> 若主守官物，遗失簿书，以致钱粮数目错乱者，杖八十。[亦住俸责寻。]限内得见者，亦免罪。
>
> 其各衙门吏典役满替代者，明立案验，将原管文卷交付接管之人。违[而不立案交付]者，杖[旧吏]八十。首领官

吏，不候[吏典]交割，扶同给照[起送离役]者，罪亦如之。[①]

司法文书：

详绎律文，所称毁弃印信者，系指有心毁弃而言，故罪应拟斩；所称遗失印信者，系指无心遗失而言，故罪至拟徒。至误毁与遗失情事相同，故拟罪亦轻重相等。若因水火、盗贼毁失，事出意外，不惟与有心毁弃者不同，亦与无心遗失者有异，故既有显迹，即不坐罪。至本部向来办理官员犯罪之案，罪在杖一百以下者，交吏部议处；罪至徒、流、军、遣，即请旨革职，依例发配。若官员遗失印信，按律罪已至徒，自应无论已、未革职，责寻三十日，限外不获，依例发配。其杖九十罪名，即由配所折责。此系遗失印信治罪本律，若因水火、盗贼毁失者，不得援引此律办理。[②]

(2)监守自盗仓库钱粮

律文：

凡监临主守，自盗仓库钱粮等物，不分首从，并赃论罪。[并赃，谓如十人节次共盗官银四十两，虽各分四两入己，通算作一处，其十人各得四十两罪，皆斩。若十人共盗五两，皆杖一百之类。三犯者，绞，问实犯。]并于右小臂膊上刺

① 田涛、郑秦点校：《大清律例》，法律出版社，1999年，第158—159页；律条下面皆有数量不等的例文，为节省篇幅起见，相关例文皆从略，以下同。

② 沈家本辑：《刑案汇览三编》，卷一下，《职官有犯·官员遗失印信拟徒依例发配》(贵州司，道光十九年)。

"盗官[银、粮、物]"三字。[每字各方一寸五分,每画各阔一分五厘,上不过肘,下不过腕,余条准此。]一两以下,杖八十;一两之上,至二两五钱,杖九十;五两,杖一百;七两五钱,杖六十、徒一年;一十两,杖七十、徒一年半;一十二两五钱,杖八十、徒二年;一十五两,杖九十、徒二年半;一十七两五钱,杖一百、徒三年;二十两,杖一百、流二千里;二十五两,杖一百、流二千五百里;三十两,杖一百、流三千里。[杂犯三流,总徒四年。]四十两,斩。[杂犯,徒五年。]①

司法文书:

光绪四年六月二十二日内阁奉上谕:"御史田翰墀奏请将侵赈各员严定罪名一折。赈务动关民命,全在承办各员洁己奉公,妥为经理。如果草率从事,任意侵渔,亟应严行惩办。著该部将各该州县侵吞赈项罪名从严定拟,其失于觉察者并著加等处分,以示警戒。别案不得援以为例……等因……原奏内称"自办赈以来,其洁己奉公者固不乏人,而枉法营私者亦所时有。应请敕下部议,从严定拟。州县侵吞赈项罪名,其失于觉察者,亦加等处分。别案不得援以为例"等因。

查例载……又查乾隆五十二年大学士公阿桂等审奏湖北黄安县知县陈玉将不应赈户口列入应赈册内,冒领赈项,将陈玉依"侵盗钱粮例"拟斩监候;又嘉庆十四年直隶宝抵县知县单福昌借灾冒赈,侵帑至九千余两之多,照"侵盗钱

① 田涛、郑秦点校:《大清律例》,法律出版社,1999年,第373页。

粮例”拟斩监候,各在案。兹据该御史请将侵赈州县严定罪名,奏奉谕旨著臣部从严定拟。

臣等查钱粮关系至重,监守侵盗之者,律应不分首从,并赃论罪,立法甚严。至水旱偏灾,饥民遍野,为民牧者,不加抚恤,辄敢借灾冒赈,图饱私囊,向按入己赃数,照“侵盗钱粮例”分别流徒,拟以骈首,立法不可谓不严。惟日久弊生,往往有巧立名色,任意克扣,甚或吏胥串弊,绅董分肥,州县官多一分之剥削,即穷黎少一分之实济,自应查照定例,酌量加等,从严办理,期昭惩创。

臣等公同酌议,应请嗣后如有官员借灾冒赈、侵吞入己数在一千两以上者,仍照“侵盗钱粮例”拟斩监候。其数逾巨万,实在情罪重大者,仍照定例斩监候问拟,由该督抚临时酌量具奏,请旨定夺。其入己之数,虽未至千两以上,而巧立名色,任意克扣,及有吏胥串弊、绅董分肥情事,即照“侵盗钱粮例”计赃应得徒流等罪上酌加一等,分别办理。虽逢恩赦,不准援免。庶足以惩贪婪,而灾黎亦可沾实惠。如蒙俞允,臣部行交直隶、山西、河南、陕西各督抚钦遵办理。其余别案不得援以为例。至失于觉察者,应如何加等处分,应由吏部核办。①

本来,清律承袭前代法制,对官员监守自盗等贪污行为立法予以严惩,但在实际执行过程中,因利之所在,虽严禁而不止。本案中,朝廷派出作为皇帝耳目的监察官员御史来监督、查办贪

① 沈家本辑:《刑案汇览三编》,卷十二下,《监守自盗仓库钱粮·侵赈罪名》(福建司,光绪四年)。

墨赈灾钱粮的地方官员。该御史发现官员的贪墨实据后，要求刑部从严定拟。刑部因此引用了自乾隆以降的各代成案来证明从严惩处贪官污吏乃一以贯之的祖宗家法：要让黎民百姓能得到朝廷给予的实惠，感受到浩荡之皇恩，就需从严治吏。

(3)官司出入人罪

律文：

凡官司故出入人罪，合出全入者，[徒不折杖，流不折徒。]以全罪论。[谓官吏因受人财，及法外用刑，而故加以罪，故出脱之者，并坐官吏以全罪。]

若[于罪不至全入，但]增轻作重，[于罪不至全出，但]减重作轻，以所增减论。至死者，坐以死罪。[若增轻作重，入至徒罪者，每徒一等，折杖二十；入至流罪者，每流一等，折徒半年；入至死罪已决者，坐以死罪。若减重作轻者，罪亦如之。]

若断罪失于入者，各减三等；失于出者，各减五等；并以吏典为首，首领官减吏典一等，佐贰官减首领官一等，长官减佐贰官一等科罪。[坐以所减三等、五等]

若囚未决放，及放而还获，若囚自死，[故出入，失出入。]各听减一等。[其减一等，与上减三等、五等，并先减而后算折其剩罪以坐；不然则其失增、失减、剩杖、剩徒之罪，反有重于全出、全入者矣。]①

① 田涛、郑秦点校：《大清律例》，法律出版社，1999年，第579—580页。该条律文还有十几个段落，谈关于如何科刑的细致化规定，限于篇幅，从略。

司法文书：

光绪九年八月十二日内阁奉上谕：“光禄寺少卿延茂奏敬抒管见一折。各直省问刑衙门承审案件，自应虚衷研鞫，以持情法之平，何得草率定拟，致有失入情事。若明知案情未确，或迴护原审，或规避处分，以致冤及无辜，尤属不成事体。嗣后着各该省抚督同臬司，于人命重案悉心推勘，以期无枉无纵。其所请现办各案，如有失入情节，准其奏明更正，宽免处分之处，著刑部议奏等因。钦此。”

臣等遵即检阅该少卿原奏，内称“近日各省所谓能干之吏，率多武健严酷之才，视民命如草芥。如四川东乡之奇冤，江南三牌楼之失入，河南王树汶之呼冤，可为往鉴。虽经朝廷或特派使臣，或提交刑部，持正平反，而死者不可复生，断者不可复续。况此外之无可控诉，未经纠参，抱痛沉冤于九泉者，正不知其凡几也。干天和而召灾眚，未必不由于此。奴才愚以为，与其平反于失入之后，何若矜慎于听讼之时？应请旨饬交各疆吏督同臬司，于现办案件有关民命者，悉心推勘，如有失入情节，勿稍迴护，准其奏明更正。仍加恩宽其处分，如不肯平反，始终固执，经旁人参奏得实，即治以欺罔之罪”等因。

查臣部核覆各省命盗案件，每年不下数千起。臣等均逐件详阅，遇有关系民命，如案情稍涉可疑者，即随时驳令覆审。各该省果能虚衷研鞫，将驳审之案无论失出失入，讯得实情，据实平反，检举更正，处分自可邀免。无如近来不肖州县玩视民命，多系草率从事。该管上司不肯认真详细推勘，非巧为弥缝，即多方掩饰。其能平反更正者，百无一二。而固执原拟者，则比比皆是。推原其故，总由各该督抚徇庇属员，迴护原审。其尤甚者，明知案情实有冤抑，即据实更正，处分亦轻，以为与全省局面有碍，终不肯自认错误。积习相沿，牢不可破。即如河南镇平县王树汶呼冤一案，始而迭经御史参奏，该省仍敢饰词覆奏，入人死罪，继而奉特旨提交臣部审办。该前抚李鹤年犹复强词哓哓置辩，希图摇惑众听，颠倒是非。在已经发觉者，平反尚如此其难，其余未经发觉者，更必任意消弭，安望其自行更正耶？该少卿所奏命案有失入情节，准其更正，宽免处分，系为矜恤民命，力挽积弊起见。第此等情节亦有区别，有下司自知审办错误，禀请更正，则承审官处分自可宽免。如系上司查出更正，则原审官岂能免议。倘在具奏以后，更应请旨遵办，此时碍难预定，相应请旨饬下各省督抚，严饬所属，嗣后审理命盗等案，务须详细研鞫，果系情真罪当，毫无疑义者，详叙供勘招解。该臬司亦应亲提覆审，如情罪不符，或实有冤抑者，即立予平反，不得稍涉迴护。总期无枉无纵，俾成信谳。倘有规避处分，致有冤及无辜等情，亦即严行参办。如能据实更正，应由臣部临时移咨吏部，酌核办理。①

当然，《大清律例》和清代司法文书中涉及如何治吏的规定远不止此。就拿清代的成文法来说，除了最基本的律例之外，还有大量的则例、会典、单行法规、地方法规等，这些卷帙浩繁的成文规条，一个很重要的特色就是强化对各级官吏的管理，力图保证各级官吏既是皇帝的忠实执法，又是合格的牧民者，最终实现

---

① 沈家本辑：《刑案汇览三编》，卷四十八，《官司出入人罪・宽免失入处分》（河南司，光绪九年）。

稳固的皇权专制。治吏的成文规范越来越严密、越来越细化，恰与君主专制逐渐登峰造极的走向相吻合，其内在的原因就在这里。

通过前述制度层面的考察，法家之"法治"重在使民朴，使吏驯，这是历代皇帝所需要的。《北史・魏书・公孙表传》有言："初，太祖以慕容垂诸子分据势要，权柄推移，遂至亡灭；且国俗敦朴，嗜欲寡少，不可启其机心，而导其巧利，深非之。表承指上《韩非书》二十卷，太祖称善。"公孙表所承魏太祖拓跋珪之旨——治吏以防止权柄下移、治民以防其巧诈——实乃千古帝王之共同忧虑，申韩之"法治"是治疗此忧虑之对症药，所以在很大程度上受到帝王们的青睐。历代皆力图统一法令，一个很重要的考虑就是防止官吏胡作非为以凌民。否则"法启二门，则吏多威福"。① 统一法令则有助于"吏民安其职业"②，从而也就减轻了专制君主的顾虑。

这里尚有一个问题值得我们进一步思考，那就是"法律儒家化"这个概念。1934 年，陈顾远先生在《中国法制史》一书中提出传统法学"儒家思想化"的概念，后来陈寅恪先生在《隋唐制度渊源略论稿》中更以"刑律尤为儒家化"来归纳魏晋法制演变之特征："古代礼律关系密切，而司马氏以东汉末年之儒学大族创建晋室，统制中国，其所制定之刑律尤为儒家化，既为南朝历代所因袭，北魏改律，复采用之，辗转嬗蜕，经由(北)齐隋，实为华夏刑律不祧之正统。"③1948 年瞿同祖先生《中国法律之儒家化》专文发表，之后法史学界普遍接受了他的观点。"法律儒家化"

---

① 此语来自北魏孝武帝太昌元年五月丁未诏书，载《魏书・出帝纪》。

② 《魏书・刑罚志》，载《历代刑法志》，群众出版社，1988 年，第 211 页。

③ 陈寅恪：《隋唐制度渊源略论稿》，中华书局，1963 年，第 100 页。

之说,于是成了法律史学者阐释传统中国法思想和制度的基本概念。

其实,经过上述分析,不难发现:“法律儒家化”的确切内涵应该是,虽然法律条文受到了儒家思想的影响,但仍保有法家“法治”的核心“治吏”之特点。进言之,儒家思想对法律条文的影响更多地表现在皇权及其官吏如何临民这个问题上,当然也有部分体现在儒家思想对官吏的各种约束之中;但无论如何,历代帝王最关注的如何治“吏”这个问题之解决,在制度上所确立的非常细密的法规则,主要还是法家思想影响之产物。所以“法律儒家化”不能就字面意思进行理解,毋宁说是“儒家思想法律化”更准确,因为它一方面凸显了思想和制度之间的互动关系,另一方面也暗示在中国传统法制里面,儒家之影响仅是其中的一部分,而且可能还不是最主要的,如此即能在逻辑上涵括法家以“治吏”为核心的“法治”传统。

由贵族法治(礼治)到官僚(帝制、君主、专制)法治,是适应中国国家社会大转型而出现的制度转型。用新的制度/规则/规范去治理新的社会、新的国家。所谓法治,我的理解,就是这种制度之治、规范之治、规则之治。从秦汉到清末这个漫长的历史过程中,“皇帝大家做,明日到我家”,秦汉三国两晋南北朝,隋唐五代宋元明清,改朝换代,不断变化。但是变换这个“帝国”的只是“帝”,而不是“国”。而且“帝”的变换也只是秦皇帝、汉皇帝一直到唐皇帝、清皇帝,而不是变成汉总统、唐主席。所以,不论是汉帝国还是唐帝国,直至最后的清帝国,治理帝国、转动帝国这部庞大国家机器,使这部庞大的国家机器有序运转的,都是“法”这种规范、规则。正是基于这种认识,所以我不赞同秦汉以后的社会是人治社会的论断。说到这里,我还要转引金克木先生《蒙族皇帝论法治》中元仁宗所说的一段话:

> 夫法者,所以辨上下、定民志。自古及今,未有法不立而天下治者。使人君制法,宰相能守而勿失,则下民知所畏避,纲纪可正,风俗可厚。其或法弛、民慢,怨言并兴,欲求治安,岂不难哉!①

“宰相能守而勿失”这个“守”字,是对先秦法家“生法者君也,守法者臣也,法于法者民也”这一命题的绝妙注解。

孙中山先生闹革命,他把革命分为政治和社会两种。三民主义中的民族、民权两主义是政治革命,民生主义则是避免社会革命的良方。实际上一个国家的法规范也是这样两个部分,保障国家政权运转的部分和保障社会和谐有序的部分。如果套用“公法”、“私法”等西方法学概念来表述以明其大意,那就是保障政权运转的“公法”渗入一点儒家的宗法观念,但主要是法家的;保障社会安定和谐的“私法”则儒家化。如果可以这样说,用“儒家思想法律化”来表述似乎比“法律儒家化”更确切。人类讨厌政治,不喜欢政治,但是又离不开政治。政治如此,制度也是这样。人类追求自由,要逍遥游,但是不能离开“群”(社会)而独立存在。比如说,你要结婚,两个人就成为一个社会。在这二人社会中,不论男方还是女方,都不可能无拘无束,而是双方互为约束。两个人的社会这样,大社会更是这样。制度约束人,人们不喜欢制度,但是人类存续又不能没有制度。这是悖论。正因为如此,所以不管什么时代的什么制度都是有毛病的,人类只能接受毛病最少的制度。秦汉以后的帝制法治也是这样,和过去的

---

① 《元史·仁宗本纪》。

贵族法治相较，它肯定是进步的，但是它不是没有毛病的制度。随着社会的发展，毛病会越来越多，问题会越来越大。正因为如此，所以到明清之际，才有启蒙思想家“一家之法”、“非法之法”命题的提出，发出进一步变革君主/官僚/专制/帝制法治的先声。

前近代的“法治”思想：天下之法与一家之法

有的学者把明清之际作为中国的前近代来研究，把明清之际启蒙思想家作为前近代思想家来研究。明清之际启蒙思想家的代表人物很多，最著名的是黄宗羲、顾炎武和王夫之，学术界称之为三大师。三大师中，政治法律思想方面，黄宗羲又是最有代表性的人物。

黄宗羲(1610—1695)，字太冲，号南雷，人称梨洲先生，浙江余姚人。他的父亲叫黄尊素，是东林党的重要人物，后被宦官杀害。黄进清朝后，很有名气，朝廷多次请他做官，他都不干；请他修明史，也不干。他只当他的隐士。据说，他经常坐在一个亭子中(雪交亭)，连天黑了也不知道。疲倦了，就到田间小道上走一走，回来又坐。成年累月，所坐的椅子扶手上形成了两个肘印。他各种庆喜吊丧全不参加。一个女儿嫁在城里很近，一年到头不往来；一个女儿出嫁三年，哭着要求回来看看他，托人问他准不准让她来，他坐在椅子上，不管怎么问也不回答。他曾以李斯和陆机作比喻，李斯被杀时，对他的儿子说：我想和你们牵着狗去打猎，现在办不到了。陆机死时对家人说：我多想和你们一起到亭子中去听听鹤鸣声。黄宗羲说，我比他们两人的遭遇都好。

黄宗羲知识渊博，著作有几十种。其中《明夷待访录》不但是黄宗羲，也是整个启蒙思想家在政治、法律思想方面最有代表性的著作。这本书比较深刻地总结了明朝灭亡的教训，尖锐地抨击了专制帝制；与此同时，主张对专制帝制下的政治、经济、法律等进行改革，并提出了一个带有民主色彩的方案。学术界曾将这部著作与17、18世纪西方启蒙思想家的同类著作相提并论。但《明夷待访录》成书于1662年（一说1663年），比孟德斯鸠《法意》（《论法的精神》，1784年）、卢梭的《民约论》（《社会契约论》，1762年），要早几十年或上百年。比1789年法国的《人权宣言》早得多，比洛克的《政府论》（1690年）也早二三十年。

《明夷待访录》在清朝是禁书，戊戌维新时期梁启超、谭嗣同搞地下印刷才把它刻出来，但删去了一些内容。对书名的解释，章太炎和梁启超不一样。章太炎认为黄写这本书是讨好清朝皇帝。满族是“夷”，“明夷待访”是希望清朝皇帝向他请教如何治国。梁认为不是这样，“明夷”是《周易》第三十六卦的卦名。坤上离下，坤为地，离为火。日（太阳）是火，日入地中，火在地下。意为昏君在上，贤臣在下受压制。他等待明君出世，为明君提供治国的方略。

《明夷待访录》第一、二、三篇叫《原君》、《原臣》、《原法》，学术界称为“三原”。三篇中的《原法》，被吴经熊先生称为最具法哲学深度的著作。这篇文章一反先秦法家的法治观念，提出“天下之法”、“一家之法”的新命题。他从批判君主专制制度入手，把秦汉以后之法定义为“一家之法”、“非法之法”，主张用“天下之法”、“无法之法”取代“一家之法”、“非法之法”。黄宗羲从以下几个方面展开他的命题。

第一节　“天下为主、君为客”

黄宗羲在《原君》中总结历史，得出一个结论：“为天下之大害者，君而已矣。”这个命题意义深远，因为它所提出的不是某个君主个人的好坏问题，而在于君主专制制度本身。

为了论证这个命题，黄宗羲主要从以下两个方面着手进行分析。

1. 黄宗羲认为，人类最初是没有君主的。大家彼此平等，“有生之初，人各自私也，人各自利也”。人类自私自利的结果，造成天下有“公利”而无人去兴；有“公害”无人去除。为了“兴公利”、“除公害”，便产生出君主来。这个时候所产生的君主，不把一个人的利作为利，而把对天下人有利的才作为利，带领天下人，去兴办这种利，从而使天下的人都得到这种利。不把一个人的害作为害，带领天下所有的人，去消除这种祸害，从而使天下人都能消除这种害。这样的君主就是唐、虞和三代的君主。

他是这样认识的，也是这样论证的。但是，事实上有没有这样的君主呢？事实是，历史上没有、也不可能有这样的君主。这是他对历史的美化，是他个人理想世界中的君主，是托古改制。

黄宗羲歌颂、赞美三代以上的君主，目的十分明显，就是为了否定三代以下的君主。他认为，三代以后的君主，他们的所作所为，正好与三代以上君主的所作所为相反。他们做君主，目的不是为天下“兴公利、除公害”。三代以后的君主认为：做了君主，就有决定天下的利害之权，从而使“天下之利尽归于己”，把“天下之害尽归于人”。为了自己一个人的私利，限制天下之人，不敢自私，不敢自利。把个人的“大私”作为天下人的“大公”，服从了自己的“大私”，就是“大公”。把天下作为自己的私有财产，可以世世代代传给子孙，永远享受。黄宗羲所要否定的，就是这样的君主。这样的君主就是秦汉以后的君主。在这个问题上，王夫之的观点与黄宗羲差不多。他肯定过秦始皇，但是他认为，"天下者，非一姓之私也"，天下不是一个人，不是一姓的，主张"不以天下私一人"。顾炎武也是如此，他把君主专制统治看成"独治"。唐甄的言论更尖锐，曾直截了当地说："自秦以来，凡为帝王者，皆贼也"[①]，把封建君主当成强盗，加以否定。

三代以前的君主和三代以后的君主，为什么会有这样的区别？对此，黄宗羲在做了一番探讨后指出：区别的关键就在"主"和"客"上，二者的态度根本不同。三代以前的君主，"以天下为主，君为客"。三代以后的君主是倒过来，"以君为主，天下为客"，所以，他们只为自己牟私利，要求天下人服从自己的私利。自己尽情享受，也要子子孙孙占据天下继续尽情享受。正是由于有这样的不同，所以，秦汉以后，人们都不顾一切地去争当皇帝，从而使天下不得安宁。在没有当上君主以前，则不惜杀人放火，任意屠杀老百姓，使老百姓妻离子散，家破人亡，以取得天下，博取一个人的"产业"。当上君主以后，为了自己的享乐，则不惜敲骨吸髓，残酷压榨老百姓，以致老百姓流离失所、骨肉分离。

由于三代以前和三代以后的君主有这样的区别，因此，老百姓对待这两种君主的态度也就截然不同。

黄宗羲认为，由于三代以前的君王，为天下兴利除害，所以，老百姓爱戴君主，拥护君主，"比之如父，拟之如天"。秦汉以后的君主为谋求私利，而屠杀压榨天下人，所以老百姓怨恨他们，

① 《潜书・室语篇》。

“视之如寇仇,名之为独夫”。

2.黄宗羲很欣赏孟子的民贵君轻说和暴君放伐论。在君臣关系上。他从“天下为主,君为客”的思想出发,提出一个新命题,即“臣之与君,名异而实同”。这个命题,含有君臣平等的意味。这里的“名异”,是指君臣的名位不同,名字和位置有差别;“实同”,指在为万民治理天下这个根本问题上,君和臣是相同的,共同担负治理天下责任,只不过分工不同罢了。在他看来,天下这样大,靠君主一个人是治理不好的,必须分工负责。臣出来做官,是为天下人,为治理天下而做官,并不是为了君主一个人而做官;是为天下的老百姓谋利益而做官,而不是为君主一姓的私利而做官。

黄宗羲反对唯君主之命是从的忠臣。他认为,这种所谓忠臣在君主面前唯唯诺诺,是一种宦官、臣妾的思想。正因为臣子把自己看成君主的奴仆和侍妾,君主才把臣子看成供自己“奔走服役之人”。他指出:臣子要把“万民之忧乐”作为自己的职责,不应该只是为君主的“一所之兴亡”做官。“为天下,非为君也”,“为万民,非为一姓也”。君臣关系既不是主人和仆人的关系,也不是老子和儿子的关系。如果君主和臣下都以“天下为事”,那么,臣下就不应该是君主的奴仆和侍妾,而是君主的“师友”。他甚至认为,既然君主无法一人治理天下,必须设置各种官吏进行分工治理,那么,各级官吏不但不是君主的奴仆和侍妾,而且还是“分身之君”。他的这种思想十分明显地冲击了“君为臣纲”的专制思想,从君臣关系这一侧面,反对君主专制。

黄宗羲的“天下为主、君为客”和“君之与臣,名异而实同”的命题,从君臣、君民的两个方面,比较全面地抨击了君主专制制度。但是,由于先天不足,他们提出的取代封建旧制度的新方案,其实并不新颖,仍然局限在旧制度的圈子中。他们仅仅要求对君权加以限制。

黄宗羲限制君权的主张，主要有三个方面：

(1)设置丞相，提高相权

明朝初年，朱元璋为了皇帝集权，废除丞相设置。黄宗羲认为，这是一个大错误，明朝政治不好，这是一个重要原因。他论证说：在古代，君臣的差距并不大，特别是君主与丞相，如商朝的伊尹、周朝的周公，他们的权力就很大，“以宰相而摄天下”，以丞相身份代行君主的职务，并没有引起什么非议。但是，秦汉以后，君主权位过高，因此，即使皇帝年幼，丞相也不敢像商周那样，代行君主的职权，丞相被废除后，与君主共治天下的百官，更成了君主唯命是从的工具。其次，丞相没有废除以前，虽然君主世袭，但由于丞相不世袭，而选贤能的人担任，因此，即位的君主即使不贤、不好，还能依赖贤能的丞相，补救君主不贤这种缺陷。废除丞相后，情况就不同了。即位的君主不贤，再也无法补救。依据这些原因，所以他主张恢复丞相的设置，提高丞相的地位，使丞相有职有权，能与君主“同议与否”。

(2)学校议政

黄宗羲很重视学校的作用。他从东汉太学生议论朝政中找到依据，要求学校不但要培养人才，而且要成为“公其是非”的议政机关。各种政治措施，都要先在学校讨论。将决定是非的最高权力，从君主手中转移到学校。“治天下之具，皆出于学校。”具体措施办法：在中央，从君主到公卿百官，每个月初都要到太学祭酒(相当于校长)面前做学生，就弟子之列，听祭酒讲课。祭酒直言不讳批评政治的得失，君主和百官都要认真听取。祭酒由当代大儒和退休(致仕)宰相担任。在地方，各级地方官都要当地方学官的学生，学官对地方政事的得失，“小则纠绳，大则伐鼓号于众”。这种学校议政，虽然不是近代的议会政治，但也有一点由专制向近代议会制迈进的味道。

(3)地方分治

为了限制君权,明、清之际的启蒙思想家都探讨过中央与地方的关系,对古代分封制和秦汉以后郡县制的得失做过研究比较。比较一致的意见是:二者各有利弊。封建制(分封制)地方权力过大,郡县制地方权力太小。黄宗羲就说过:封建制容易造成分裂和内讧,强弱兼并,大国欺负小国,大鱼吃小鱼。诸侯的权力太大,天子的权力太小,从而使“天子之政教有所不加”,地方不听中央的号令;好处是地方独立自治,有利地方的发展。郡县制的弊病在于,地方权力小,力量弱,无法抵抗外来的入侵,以致“疆场之害苦无已时”;好处是有利国家统一。因此,他主张把二者结合起来,取其所长,去其所短,“一方之财,自供一方,一方之兵,自供一方”。减弱君主的权力,加强地方的独立性和自主性。顾炎武基本也是这个意思,用他的话说,就是“寓封建之意于郡县之中”。王夫之比他们两人更强调地方分治,甚至认为郡县制远远不如封建制优越。他们的出发点都是为了改变君主集权的政体。

第二节 “天下之法”与“一家之法”

黄宗羲以“天下之法”,取代“一家之法”的主张,和他反对“以君为主,天下为客”,而主张“以天下为主,君为客”的思想,互相呼应,形成统一的思想体系。论点主要有两个方面:

(1)三代以上有法,三代以下无法

黄宗羲认为三代以上的二帝(尧、舜)三王(禹、汤、文武)都是圣王。他们的所作所为，都是为了老百姓。他们知道，天下老百姓必须有赖以生存的生活资料，因此，他们“授田”给老百姓耕种，以取得食物，“授地”给老百姓，让他们种植桑麻，解决穿衣问题。老百姓有饭吃、有衣穿以后，便兴建学校，对他们进行教育，制定婚姻制度，以防止淫乱；建立军队，维护社会治安，保护老百姓安全地生活。他指出，这就是三代以上之法，一切都为天下老百姓着想。这种法，从天下人的利益出发，“固未尝为一己而立也”，不是为君主一个人而制定的。后来的君主则与此相反，他们取得天下，登上皇帝的宝座以后，由于害怕自己的统治不能长久，被人推翻，子子孙孙不能再做皇帝、保有天下。因此，处处防患，制定出各种维护其统治、保护自己以免被推翻的法律。所以，这种法实际上是“一家之法而非天下之法”。他列举了秦汉以来的各种措施，例如秦朝废除分封制而为郡县制，西汉分封诸王，宋朝解除各级将领的兵权等等。这些，都是皇帝为一己私利所立的法。这种法，没有“一毫为天下之心”，因此，根本不能称之为“法”。正因为如此，所以他说，“三代以下无法”。

(2)肯定“无法之法”，否定“非法之法”

黄宗羲还就“三代之法”和“后世之法”的性质、作用、形式进行论述，最后，得出结论说，三代之法是“无法之法”，后世之法是“非法之法”。

他论证说：三代之法，“藏天下于天下”，维护天下所有人的利益，包藏天下所有人的要求和意愿。“山泽之利”、“刑赏之权”，不归天子一个人所有，而是天下之人共同享有。法律规定，大家都是平等的，“贵不在朝廷”，“贱不在草莽”，天子和老百姓都一样。所以这种法的形式虽然疏简，但是，“乱愈不作”，社会不出什么乱子。因此，这种法可以说是“无法之法”。法很疏很简，看起来像“无法”一样，但是大家都能按照这种法作为，是一种无法的“法”。

后世之法与这种法相反,“藏天下于筐箧”,维护帝王一人、一家、一姓的私利,只体现帝王一人、一家、一姓的意志和要求,“利不欲其遗于天下,福必欲其敛于上”。有利的东西一点也不分给老百姓,好事要全部归自己。所以,他们总是疑神疑鬼,提心吊胆,生怕有人染指他们的利益。这样一来,他所立的法,就“不得不密”。法密律细,前后相制。由于这种法的性质如此,作用如此,所以,这种法虽然形式上很繁密,结果却是“法愈密而天下之乱即生于法之中”。执法的人往往钻空子牟私利,最后造成祸乱。因此,他把这种法叫做“非法之法”。不反映天下人的意愿,不为天下人谋利益,所以是“非法”,不可能算作法的法。

黄宗羲反对“非法之法”,批判了两种替这种“非法之法”辩护的观点。

一种观点认为:“一代有一代之法,子孙以法祖为孝。”黄宗羲批驳说:前王为了自己的私利,创立法制;后王因前王创立的法制已不能再满足自己私欲,因而破坏它、废前王之法,另搞一套。就其目的、性质、作用而言,前王创立的法是“非法之法”,后王废法也是“非法之法”。创法和废法,都为害天下。因此,不能以“法祖为孝”为借口,而保守这些“非法之法”。

第二种观点认为:“有治人,无治法。”这种观点是借用荀子的观点来反对变法。黄宗羲回答说:这种观点不对,恰恰相反,治理国家应该是“有治法而后有治人”。他论证说:“非法之法”、“一家之法”,束缚天下所有人的手脚。不改变这种法制,即使有“能治之人”,也会因为处处掣肘,而不能有所作为。反过来,如果有了“天下之法”,这样即使不得其人,也不至于“深刻网罗”,危害天下。

黄宗羲要求用“天下之法”取代“一家之法”的思想,在当时和对后来都有重要意义，对近代资产阶级改良派的影响很大。他的所谓“天下之法”，就是要改变只允许君主一人、一姓自私自利之法，创立天下人都能“自私”“自利”，或都能“各得自私，各得自利”之法。这种思想，正是近代以个人为本位和以自由、平等为号召的资产阶级法律观的萌芽状态。

第三节　王夫之：家天下与乱亡之法

和黄宗羲的立论起点相似，王夫之也是以天子与天下之间的关系，作为判断天子所立之“法”和所求之“治”的首要前提。在他看来，天下非一家一姓之私有，而是一种“公”。推而言之，之所以有天子，是为了治理天下，而不是反过来：天子为私有天下而治理天下。“以天下论者，必循天下之公，天下非夷狄盗逆之所可尸，而抑非一姓之私也。”①

退一步说，天子视天下为一己一姓之私，那必定要靠苛密的“法”来治理天下，但这种“法治”必然走向反面，导致天下不能治理，反生乱。为什么呢？王夫之说：

> 孰谓秦之法密，能胜天下也？项梁有栎阳逮，蕲狱掾曹咎书抵司马欣而事得免。其他请托公行、货贿相属、而不见于史者，不知凡几也。项梁，楚大将军之子，秦之所尤忌者，欣一狱掾，驰书而难解。则其他位尊而权重者，抑孰与御之？法愈密，吏权愈重；死刑愈繁，贿赂愈章；涂饰以免罪

① 王夫之：《读通鉴论》，中华书局，1975年，第950页。

詈，而天子之权，倒持于掾吏。南阳诸刘屡杀人而王莽不能问，皆法密吏重有以蔽之也。设大辟于此，设薄刑于彼，细极于牛毛，而东西可以相窜。见知故纵，蔓延相逮，而上下相倚以匿奸。闰位之主，窃非分而寐寝不安，藉是以箝天下，而为天下之所箝，固其宜也。受天命，正万邦，德足以威而无疚愧者，勿效尔为也。宽斯严，简斯定。吞舟漏网而不敢再触梁笱，何也？法定于一王，而狱吏无能移也。①

律令繁，而狱吏得所缘饰以文其滥，虽天子日清问之，而民固受罔以死。律之设也多门，于彼于此而皆可坐，意为重轻，贿为出入，坚执其一说而固不可夺。于是吏与有司争法，有司与廷尉争法，廷尉与天子争法，辨莫能折，威莫能制也。巧而强者持之，天子虽明，廷尉虽慎，卒无以胜一狱吏之奸，而脱无辜于阱。即令遣使岁省而钦恤之，抑惟大凶巨猾因缘请属以逃于法，于贫弱之冤民亡益也。唯如郑昌之说，斩然定律而不可移，则一人制之于上，而酷与贿之弊绝于四海，此昌之说所以为万世祥刑之经也。夫法之立也有限，而人之犯也无方。以有限之法，尽无方之慝，是诚有所不能该矣。于是而律外有例，例外有奏准之令，皆求以尽无方之慝，而胜天下之残。于是律之旁出也日增，而犹患其未备。夫先王以有限之法治无方之罪者，岂不审于此哉？以为国之残、民之贼、风俗之蜚蜮，去其甚者，如此律焉足矣，即是可以已天下之乱矣。②

① 王夫之：《读通鉴论》，中华书局，1975 年，第 7 页。

② 王夫之：《读通鉴论》，中华书局，1975 年，第 79—80 页。

治之敝也，任法而不任人。夫法者，岂天子一人能持之以遍察臣工乎？势且仍委之人而使之操法。于是舍大臣而任小臣，舍旧臣而任新进，舍敦厚宽恕之士而任徼幸乐祸之小人。其言非无征也，其于法不患不相傅致也，于是而国事大乱。江冯请令司隶校尉督察三公，陈元争之，光武听元而黜冯之邪说，可谓知治矣。臣下之相容，弊所自生也；臣下之相讦，害所自极也。如冯之言，陪隶告其君长，子弟讼其父兄，洵然三纲沦、五典斁，其不亡也几何哉！①

夫王者合天下以为一家，揭猜疑以求民之莫而行士之志，法愈疏，闲愈正，不可欺者，一王之法，天理之公，人心之良也，而恃区区之禁制也乎？②

魏之削诸侯者，疑同姓也；晋之授兵宗室以制天下者，疑天下也。疑同姓而天下乘之，疑天下而同姓乘之。力防其所疑，而祸发于所不疑，其得祸也异，而受祸于疑则同也。呜呼！以疑而能不召乱亡之祸者无有。天下皆以为疑己矣，而孰亲之？其假以防疑者，且幸己之不见疑而窥其疏以乘之；无可亲而但相乘，于是而庸人之疑，终古而不释。道不足于己，则先自疑于心；心不自保，而天下举无可信，兄弟也，臣僚也，编氓也，皆可疑者也。以一人之疑敌天下，而谓智计之可恃以防，其愚不可瘳，其祸不可救矣。亲亲而以疑，则亲非其亲；尊贤而以疑，则贤非其贤；爱众而以疑，则

① 王夫之：《读通鉴论》，中华书局，1975年，第144页。
② 王夫之：《读通鉴论》，中华书局，1975年，第219页。

众非其众;夫何疑哉?君子乐得其道,小人乐得其欲而已矣。交君子以道,给小人之欲,孤游于六合,而荆棘不生,无有圣贤而无豪杰之度者也。①

在上面所节引的相关论述中,王夫之实际上已经告诉我们:自秦以降的作为治具之“法”的一个很明显的特征,就是形成了“法网”,它看似严密,但在实际运作之中难免为官吏所操纵,最终必然导致乱亡。为什么会如此呢?是因为公天下变成了家天下,天下既为一家一人所私有,便要提防别人篡夺,因此需要“治法”,立法之君主偲偲焉忧虑于此,对任何人皆不信任,结果是法上加法,人互为治,愈来愈密的“法网”和乱亡随之而至。

从前述以黄宗羲和王夫之为代表的启蒙思想家的言论可以看出,对于几千年来建立在“治吏”基础上的“法治”,他们都从“天下”之归属于“公”和“私”的高度来进行了批评,实际上已经多少触及君主专制及其之下的“法治”的实质。他们的思考和批评,为近代中国人对传统政制和“法治”的反思提供了思想资源,成为他们进一步思考的起点。

① 王夫之:《读通鉴论》,中华书局,1975年,第304—305页。

下篇

从法治(Rule by law)到法治(Rule of law)

法治 · Rule of law

中文“法治”对应的英文词语有两个，一个是 Rule of law，一个是 Rule by law。这两个词仅有 of 和 by 之别，但内涵大不相同。“by”是“以法律来统治”，与先秦法家法治相类。所以有的学者认为，Rule by law 应译为“法统制”。“of”是“受法律所统治”，这才是近现代的“法治”。

近代中国受西方法文化的冲击，从 19 世纪中叶开始出现西方法的移植，翻译成了这种移植过程的重要环节。翻译之初，中西两种异域文化中的法律语词多不能从自身文化系统中找到对应的词汇，怎样对接中西双方的法律语词，这是翻译者需要大费斟酌的地方。要确定一个较为理想的翻译名词，一方面要求翻译者对原词在其文化系统中的含义有较准确的把握，另一方面又需要翻译者能够在本文化系统中找到或创造对应语词，使这种外来语词的含义，能为本社会的普罗大众所理解且能准确传达该含义而不致引起误解。[①] 但是，由于这一时期法文化乃至整个文化系统的交流还欠深入，故这种理想的翻译名词较难出现，往往会发生一个反复试错、多个语词在使用过程中汰留的过程，从文化交流的角度看，早期翻译一般都有这样的特点，即翻译者往往尽可能利用其母文化中既有的概念、语词或语词组合等来进行翻译。随着其译作被读者广泛接受，这种语词就会渐渐定型并为其他的翻译者所沿用，进而为学者们、读者们在不同的场合频繁使用，最终演变为固定语词，构成本国文化的重要组成部分。法律、法学的翻译，也是如此。

近代的翻译者用传统中国的“法”、“治”两字的组合来对应西方法文化中的“Rule of Law”，可以看作“以相近之义，撰合其文”的新名词创造方法。考虑到传统中国也有“法治”词汇，因此也可以说它是“以相近之意，仿造其字”的办法来创造新名词的。这种对应本身虽然在初创时有它的不得已之处，但不管怎样，它与西方的“Rule of Law”都有着极大的差别。这种原词和翻译词有着极大差别的译法，虽然能够得到国人的认同，但是通过译

① 一些近代来华的外国传教士为促进此种翻译做了大量的工作，因此对此种翻译，尤其是创造所必需新名词之困难体会尤深，如林乐知、范祎在《新名词之辨惑》一文中所指出的：“翻译一事，其难不一。或有学业未精，不能通西国深奥之文义者。然即能译之，而此等深奥之文义，恒藉数名词以显，苟无相配之名词以为表宣，则亦必至穷于措辞……至中国之文化，开辟最早，至今日而译书仍不免有窒碍者。”之所以有此“窒碍”，该文作者将英文和中文语汇的数量进行了对比，指出当时英文大致有二十万的词汇，而中文汉字不过六万，较之英文为少，因此“译书者适遇中国字繁富之一部分，或能敷用，偶有中国人素所未有之思想，其部分内之字必大缺乏，无从移译。于是有数法，一以相近之声，模写其音；一以相近之意，仿造其字；一以相近之义，撰合其文”。（林乐知、范祎：《新名词之辨惑》，载钱钟书主编：《万国公报文选》，生活·读书·新知三联书店，1998年，第679页。）观近代中国翻译西文所创造的新名词，多不出上述三途。

词来理解的"原词",孕育了"原词"含义走样、进而被误解的重大危险性。当我们考察近代中国人对"法治"一词的认识历程时,发现这种可能的"危险性"已经不幸成为近代中国的现实,并且直到今天还在继续"现实"下去。

用 Rule of law 来对应中国传统"法治"始于何时,出于何人,迄无可考。很有可能源自日本人的创造,后来输入中国。中华民国元年(1912),由商务印书馆印行的《英德法日政法名词表》中,只有"法制"而没有"法治"。"法制"对应的外文词有:Legislation(英),Gesetzgebung(德),Législation(法),法制(日)。[①] 但是,早在 19 世纪 90 年代,黄遵宪先生就在《日本刑法志序》中介绍西方国家的法治了:

> 余闻泰西人好论权限二字。今读西人法律诸书,见其反覆推阐,亦不外所谓权限者。人无论尊卑,事无论大小,悉予之权以使之无抑,复立之限以使之无纵,胥全国上下同受治于法律之中,举所谓正名定分、息争弭患,一以法行之。余观欧美大小诸国,无论君主、君民共主,一言以蔽之曰:以法治国而已矣。[②]

黄遵宪的《日本国志》用中国史书的编史体例,表述的是日本明治维新后的国情变化。《刑法志》所载,实际就是 19 世纪 80 年代初日本公布施行的《刑法》和《治罪法》。这两部法典其实是法国刑法典、刑事诉讼法典的日本译本。黄遵宪再把日译

---

① 上海商务印书馆印行:《英德法日政法名词表》,中华民国元年(1912)出版,第 139 页。

② 黄遵宪:《日本国志》,卷二十七,《刑法志一》,上海古籍出版社,2001 年,第 279 页。

本变成中译本，中间所加的注解，是他自己的理解。序言用“西人法律”不外“权限”二字来概括中西法律之间的差异，确实有很高的洞察力。而“全国上下同受治于法律之中”一句，不就是上面所说的“受法律所统治”的 Rule of law 吗？但是，当年的帝国“生法者”是皇帝，是他统治法律，而不是他被法律统治。“帝国”不变为“立宪国”（君主立宪、民主立宪），“全国上下同受治于法律之中”，就只能是令人向往的理想，一句辛酸的空话。在残酷的现实面前，他赞美这种法治，有可能在湖南长沙还一度想付诸实践。结果他壮志难酬，抑郁而死。

在开篇的引言中，我已经说过，我国社会的第二次转型，要比第一次转型困难、全面、深刻，是在世界资本东来、同时又是世界资本最野蛮最腐朽的殖民时代开始的。要把 Rule by law 变为 Rule of law ，首先要把帝国变为立宪国。这个立宪国可以是君主立宪国，也可以是民主立宪国。围绕这种国体的转型，近代中国的先行者们，进行了艰苦卓绝的探讨和实践。

西方法治的历史渊源

对西方法治的历史渊源，夏勇先生的《法治源流——东方与西方》有比较详尽的论述。他认为，“追寻法治的源头，应该从亚里士多德说起”①。但是，亚里士多德所主张的法治，是什么样的法治？西方法治的历史发展，不同时期是不是有不同的内涵？能不能笼而统之？英文 Rule of law 这个词是 19 世纪末期才出现的新词，韩德培先生早在 40 年代就有论说，但一直不为人所知，直到前几年我才看到，本想当面向老人家请教，不幸他在 2009 年就辞世了。

2000 年，我指导台湾研究生杨登杰做《从法治国家看中国传统法制》这篇硕士论文。我们认为，一般人常认为法治是西方的传统。其实，现代意义的“法治国家”(Rechtsstaat)或“法治”(rule of law)并非根源于西方传统思想或制度，而是伴随着近代工商业和工商阶级崛起而引发的思想革命(即启蒙运动)和政治革命(即改革)的产物。这是我们的共同看法。但他对中国传统法制的论述，采用钱穆先生的观点，我有所保留。

我们认为，从西方传统政治思想史来看，柏拉图的国家哲学

① 夏勇：《法治源流——东方与西方》，社会科学文献出版社，2004 年，第 3 页。

被当代哲学家波普尔(Karl R. Popper,1902—1994)视为极权政治思想的鼻祖,主宰中世纪的经院哲学则为天主教会的神权统治提供理论依据,两者都与现代法治理念背道而驰。亚里士多德虽然提到法治,其出发点却非现代法治所强调的个人自由,而是为了实现更高的善;此外,他还承认与现代法治理念水火不容的奴隶制度的合法性。正因为这样,所以有人认为亚氏所说的法治是奴隶主法治。西塞罗(Cicero, 公元前 106—前 43 年)的自然法思想固然是建立法治国家的思想根源,但这种思想与其说是立足于人权理念,毋宁说它和亚里士多德的法政思想一样,更强调的是整个共同体的善,并把追求共同体的善看作公民的美德和最终目的。

再从西方传统政治制度史来看,雅典的民主政治只限于占人口极少数的自由民才能享有参政、议政的权利。而自由民虽然有权分享国家主权,"但在所有私人关系中却是奴隶。作为公民,他可以决定战争与和平;作为个人,他的所有行动都受到限制、监视与压制;作为集体组织的成员,他可以对执政官或上司进行审问、解职、谴责、剥夺财产、流放或处以死刑;作为集体组织的臣民,他也可能被自己所属的整体的专断意志褫夺身份、剥夺特权、放逐乃至处死"①。同样的情形也见于罗马帝国的黄金时代。"那里,个人以某种方式被国家所吞没,公民被城邦所吞没。"②换句话说,即使在古代西方的共和国里,社会集体也对个体成员享有完全的权威,现代法治国家所极力保护的个人自由

① (法)邦雅曼·贡斯当著,阎克文、刘满贵译:《古代人的自由与现代人的自由——贡斯当政治论文选》,上海人民出版社,2003 年,第 48 页。

② (法)邦雅曼·贡斯当著,阎克文、刘满贵译:《古代人的自由与现代人的自由——贡斯当政治论文选》,上海人民出版社,2003 年,第 48 页。

并不受重视。至于中世纪的欧洲，则是神权统治的时代，统治权完全为僧侣阶级和贵族阶级所垄断。15、16世纪民族国家兴起之后，又进入绝对王权时代，强调君王主权至上。这些制度无疑都和现代法治国家的要求相违背。

直到17、18世纪，随着工商业蓬勃发展而崛起的新兴工商阶级才有力地推动了法治国家理念和制度的萌芽。这些新兴工商业主为了维护自己的权利，不但要求国家公权力遵守法律，也要求法律体现保障人权的精神，甚至要求加入议会，参与法律的制定。当时启蒙运动思想家的理论，就成为他们要求与专制君王、封建贵族及天主教会进行斗争的思想武器。启蒙运动针对当时天主教会的教条主义和封建王权的专制主义提出了有力的抨击，是欧洲文化史上最活跃、最具冲击力的知识分子的自觉运动。它要求每个人要勇于摆脱传统的束缚，勇于独立思考，对当时的社会、文化进行全面的反省和批判，从而推动社会的进步与人类的解放。以政治、法律思想领域而言，洛克(John Locke，1632—1704)、孟德斯鸠(Montesquieu，1689—1755)和卢梭(Jean—Jacques Rousseau，1712—1778)相继提出天赋人权(或自然权利)、社会契约与权力分立等主张。这些被当时自由主义者奉为圭臬的主张，就是法治国家的基本理念。这些主张在理论上由德国哲学家康德的法权哲学集其大成，在实践上则经由法国大革命而开花结果。法国大革命在法治国家的发展上，具有标杆性的意义。作为法国大革命重大成果的《人权与公民权宣言》，充分体现了人权保障和权力制约等法治国家的基本原则。

对德文Rechtsstaat、英文Rule of Law和法文Etat de droit这三个词的形成，巴黎第一大学教授、法国大学研究院院士米哈依·戴尔马斯-马蒂，援引L. Heuschling的博士论文，指出：在德语中出现 Rechtsstaat 一词(1798)之后,英国于 1895 年出现 Rule of Law 的表述,最后,Etat de droit 这一术语在法国终于于 1907 年姗姗来迟,1977 年之后被广泛接受和使用。

与"法治国家"对应的德文 Rechtsstaat 这个术语出现最早。德国哲学家康德虽然没有直接使用"法治国家"这个词,然而,他的法权哲学却可以看成对法治国家理念所作出的严谨哲学论证。康德所提出的"国家是一群人在法权律则下的结合"的主张,深深影响了普拉西度斯(J. W. Placidus)的国家学,从而促使他首度提出"法治国家"的概念。此后,法律学者们纷纷阐述法治国家的概念内涵,建立法治国家逐渐成为 19 世纪德国朝野的政治共识。

当时追求法治国家的目的在于利用议会设定的"法律"(Gesetz)来约束国家公权力,特别是行政权。要求行政行为不得违反法律的"法律优越"(Vorrang des Gesetzes)原则,以及要求限制或侵犯人权的行政行为必须有法律依据的"法律保留"(Vorbehalt des Gesetzes)原则,都在当时被确认为法治国家的重要原则。虽然也有部分学者提及"法律"(Gesetz)外尚有"法"(Recht)可以拘束国家公权力,但他们所谓的"法"并不是康德及其他启蒙运动哲学家所宣扬的、具有比实定法(positives Recht)更高效力的自然法(Naturrecht)或超实定法(Uberpositive Recht),而是指由议会通过的法律和根据法律制定的行政命令等各种实定法规所构成的实定法程序。因此,当时的"法治国家"(Rechtsstaat)实无异于"法律国家"(Gesetzesstaat)。由于过分强调实定法的重要性,甚至抹煞自然法对实定法的批判意义,以致片面突出法的形式特征(即具有强制力的社会规范),忽视了法所应有的实质内涵(即法的价值理念和正义取向等)。这种只重法的形式特征、不重法的实质内涵的"形式意义的法治国家"(Rechtsstaat formellen Sinne)不幸为纳粹政权所利用,希特勒就是在"法律"的掩护下推行极权统治,恣意践踏人权的。当时的"法律",不过徒具合法的形式,完全不具有合法的实质内涵。

二次大战之后,联邦德国对"法治国家"概念进行彻底的反思和检讨,从而转向"实质意义的法治国家"(Rechtsstaat im materiellen Sinne)。实质意义的法治国家主张,不是立法机关制定通过的任何"法律"(Gesetz)都能无可置疑地被认定为"法"(Recht)。因为法之所以为法,绝不是只因为它具有强制力等形式特征,而在于它实质上所蕴涵的超实证的自然法理念,也就是能保障每个人最大限度的自由权利和最持久的和平共处。任何违反自然法理念的"法律"都不是真正有效的"法"(恶法非法与恶法亦法之争)。同样的,即使法律授权行政机关在某一事务领域内享有自由裁量权,行政机关仍然不能为所欲为,因为它和立法机关一样,始终应该受到自然法理念的约束。这种"实质意义的法治国家"概念,具体表现在《联邦德国基本法》第二十条第三款的规定:"所有国家权力都受到法律及法的约束"。换句话说,行政权、司法权不但应该依"法律"行政、依"法律"审判,也应该依"法"行政、依"法"审判;更重要的是,即使立法权及其所制定的"法律",也不得违背"法"的要求。

此外,根据《联邦德国基本法》第二十条第一款的规定,联邦德国是一个社会法治国家(sozialer Rechtsstaat),而不是传统的自由法治国家(liberaler Rechtsstaat)。自由法治国家立基于古典自由主义,主张尊重个人的自由自治、自立自主与自我实现。它曾经冲垮中世纪的封建体制,推翻近代的专制王朝,从而确立放任的自由市场经济制度,并使新兴的工商资产阶级成为政治竞技场上的要角。然而,这种与个人主义或资本主义相结合的法治国家固然在形式上保障个人的自由与平等，在现实上却由于放任自由竞争，造成经济、社会上的强者肆意剥削弱者的结果，形成严重的阶级对立，以致社会主义在19世纪勃然兴起，要求废除生产工具私有制、实施计划经济制度。二次大战后，联邦德国谋求建立社会法治国家的目的就在于调和自由主义和社会主义的合理要求，既要经由法治国家建立一个保障每个人人格的自由、自律和自主免于遭受资本经济力恣意侵犯的社会、经济秩序——调和自由市场经济制度和计划经济制度的“社会市场经济制度”(soziale Marktwirtschaft)就是后者的具体表现，又要求国家经济政策除了追求经济成长与物价稳定等目标外，还要兼顾充分就业与社会正义的维护。

由此可见，即使就法治国家的发源地——西方工业先进国家——而言，法治也不是他们的传统，而是他们对传统加以反省、批判和改造的产物。也就是说，法治国家的诞生其实是西方传统法制现代化的结果。此外，法治国家从诞生到现在，事实上经历了一个漫长的发展过程。从形式意义的法治国家到实质意义的法治国家，从自由法治国家到社会法治国家，其间经历过多少曲折、崎岖乃至挫败，又有多少人为此奔走疾呼乃至牺牲奉献，才有今天这样较为成熟、较为完备的法治国家理念和制度。换句话说，法治国家的建立并非一蹴可及，唯有鼓励所有知识与政治精英，乃至于全体公民勇于独立思考，勇于公开运用自己的理性，不断地对传统和现实法制进行反省、批判和改造，才能稳健而持续地朝着法治国家的理想迈进。

对法治或法治国的基本原则，学术界有各种不同的说法。有的学者把它概括为四个原则，即：a. 人民主权原则，b. 独立的司法保护个人权利原则，c. 行政的和法规性原则，d. 国家和社会分离原则。[①] 我和杨登杰的意见，是把法治国家或法治的基本原则归结为两点，即人权保障和权力制约。法国《人权和公民权宣言》第十六条规定："宪法必须规定保障人权和权力分离的原则，否则不构成宪法。"这就充分肯定了人权保障和权力制约在宪政体制中的价值。

法治国家的德文——Rechtsstaat——是由"Recht"和"Staat"两个词组成的，后者即国家；前者兼有"法"和"权力"两个意思。因此，"法治国家"其实就是"权力国家"。详细来说，法治国家应该奠基在尊重个人的人性尊严，并承认每个人都是法权的主体；也就是以保障每个人的人性尊严，以及与此尊严不可分割的基本人权为出发点和最终目的。因为国家本来是人们为了保障每个人的自然权利（即在前国家的自然状态中就已经拥有的权利）所结合而成的群体。国家本身绝非目的，它只是保护人权的工具。法治国家所明列的"基本人权清单"，许诺人民拥有一个专属于他们的、免于任何外力侵犯而由国家公权力所保障的个人自由发展的领域。这些基本人权直接约束公权力，任何公权力的行使必须以保障和实现基本人权为目的。

基本人权包括传统上为自由主义所主张的自由权、平等权、财产权、参政权和权利救济权，以及伴随着社会主义崛起而新兴的社会权。自由权是指不受他人意志强制的权利。平等权既要求法律之前人人平等的"法律执行的平等"，也包括要求立法是必须平等对待每个人的"法律制定的平等"；而"法律制定的平等"不能只局限在对每个人一视同仁而无差别待遇的"形式平

---

① 高鸿钧：《商谈法哲学与民主法治国——〈在事实与规范之间〉阅读》，清华大学出版社，2007年，第392页。

等”，而应该进一步追求在必要时给予弱者特别照顾、以保障每个人平等发展机会的“实质平等”。财产权是指人民以合法方式获得的财产应该受到国家的保障，其目的在于让人民保有生存及发展自我所需要的物资。值得重视的是，传统自由法治国家的“财产权神圣”观念已经过时。在现代社会法治国家里，财产权负有义务，其行使应该同时有助于公共福利。参政权是指人民有加入政府行列、参与政策决定与公权力执行的权利。经济救济权是指人民在权利受到国家或他人侵犯时，有向特定机关提出救济的权利，例如诉讼。新兴的社会权不像传统的基本人权是为消极对抗国家公权力的滥用而产生的防卫权，而是积极要求国家建立某些社会保障制度及提供服务，使每个人民在其生活中都能享有作为人应该拥有的最起码的人性尊严。

至于权力制约，则是为了落实人权保障而对国家组织方式提出的基本要求。因为权力使人腐化，绝对的权力造成绝对的腐化。为了防止权力腐化，只得将权力分开，并使之相互制衡，这样才能有效保障人权。根据孟德斯鸠的看法，国家公权力可分为三种，即制定法律的权力（立法权）、执行法律的权力（行政权）和裁决法律的权力（司法权）。这三种权力中的任何两种或三种权力若同时集中于一个人或一群人之手，人民的权利即无所保障。因为一人或一群人同时拥有立法权和行政权便可为所欲为，任何想干的事都可事先经由立法予以合法化；若行政权与司法权结合，则即使胡作非为，也可事后经由自己的裁判披上一层合法的外衣。只有三权分立、相互制衡的情况下，人民的权利才有保障。

先从立法权来说，它应该掌握在人民经由定期选举推出代表所组成的议会手中。因为人都有尊严，此种尊严必然要求人只服从自己或自己与他人共同决定的行为律则，这就是“自律”。

然而，人不能离群索居，人只有在社会生活之中，才能发展人格。而生活在社会之中就必须遵守风俗习惯、伦理道德和法律等社会规范。就我们未曾参与社会规范的制定来说，服从社会规范就是服从他人意志，也就是“他律”。议会政治就是用来解决此一“自律要求”和“他律现实”相矛盾的困境。因为就服从法律的角度来说，人民是被统治者。然而，就法律的根源来说，人民所服从的法律其实是人民代表所组成的议会间接为他们制定的。每项法律案在议会的通过，无异是人民总意志的宣示。因此，服从法律就是服从自己的意志。由此可见，议会政治其实是要求主权为全体人民所共有的“人民主权”原则的具体化。

再从行政来说，法治国家要求政府必须向议会负责，并接受其监督。政务官应该随政策成败而进退，以体现“责任政治”的精神。行政权的行使应该受到法（包括作为国家根本大法的宪法、议会制定的法律以及超实定的自然法原则）的约束。为了贯彻依法行政，应该建立健全的文官体制。文官即事务官，应该在政治活动中保持“行政中立”的立场，独立于各个政党、利益团体及政争漩涡之外，而处于公正、超然的地位。

至于司法权，其作用在于判断是非曲直、定分止争。它是维护宪政体制、保障基本人权和实现社会正义的最后一道重要防线。为确保法官以客观超然的立场，做公正而精确的裁判，司法权应排除行政权、政党以及其他力量的干预。换句话说，法官应依其良心。独立行使职权，只受法的约束，而不受其他力量影响其独立审判的立场。

此外，合理划分中央政府与地方政府的权限，一方面维护国家的统一，另一方面又保障地方政府的多元发展，如此也可以建立起一种纵向的、垂直的权力制约关系，以有效节制国家公权力的滥权，从而保障人民的自由权利。

沈家本:“君主立宪”下的“法治”实践

在西方法的影响和冲击下,清政府为了挽救危局,终于走上法律改革的不归之路。而在这场影响深远的中国法律近代化运动中,沈家本作为清末法律改革的主持者,他对改革的态度,他对西方法的理解,他的思想和行动,都对这场改革产生了无可置疑的重要作用。法治(Rule of Law)特别是法治中的审判独立,是他的改革理想,也是晚清法律改革者的理想。他们是这一理想的追求者和实践者。

沈家本(1840—1913),清代著名法学家和立法专家。字子惇,又作子敦,号寄簃。浙江归安(今浙江省湖州市)人。同治三年(1864 年)进入清朝刑部做官,光绪九年(1883 年)考中进士,仍然留在刑部做官,是地道的传统中国士大夫。历任刑部直隶,陕西、奉天各司主稿,兼秋审处坐办,律例馆提调。以对传统法学(律学)的精熟,被官场和士大夫所推许,“以律鸣于时”,是当时刑部最出色的司员之一。光绪十九年(1893 年)出任天津知府,因“以宽大为治”、“用律能与时变通”,而受到时人称誉。后来调任直隶首府保定府知府。在此期间,因董福祥甘军过境,捣毁保定北关外法国教堂,引起中外交涉。他据理与法国传教士力争。为此,在八国联军占领保定期间,被侵略军拘留近四个月。从光绪二十七年(1901 年)起到宣统三年(1911 年)止,历任清朝刑部侍郎(副部长)、修订法律大臣、大理院正卿(最高法院院长)、法部侍郎(副部长)、管理京师法律学堂事务大臣(校长)、资政院副总裁、袁世凯内阁司法大臣(部长)等职。1910 年,中国第一个全国性的法学学术团体北京法学会成立,被推为首任会长。在中国传统法律转轨、中西法律和法学融合,以及中国近代法学兴起的过程中,起了承先启后的作用。

1900 年,慈禧太后接过维新志士的变法旗号,下令变法。规定除三纲五常万世不易外,“令甲令乙,不妨如琴瑟之改弦”,取外国之长,补中国之短。两江总督刘坤一、湖广总督张之洞率先响应,根据这一谕令,先后提出改革旧的审判制度和监狱制度,以及仿照西方法律,制定中国自己的矿山法、铁路法、商法和交涉刑法等一系列奏议。在此期间,张之洞参预与英国的商约谈判,提出中国改革法律,英国放弃在华领事裁判权的要求。在取得英国代表马凯的同意并写入条约以后,光绪二十八年(1902 年),清朝廷正式下达法律改革之诏,责成袁世凯、刘坤一、张之洞,“慎选熟革中西律例者,保送数员来京,听候简派,开馆纂修,请旨审定颁行”。根据清廷的谕旨,袁世凯、刘坤一、张之洞连衔保举沈家本、伍廷芳主持法律改革工作。同年四月六日,以“务期中外通行,有裨治理”,收回“国家利权”为目的,清廷正式任命沈家本、伍廷芳“将一切现行律例,按照交涉情形,参酌各国法律”,进行改革,拉开了法律改革序幕。

发生在 19、20 世纪之交的这场法律改革,是戊戌维新时期维新思想家法律改革要求的继续,是中国历史上最为重要的一次改革。在沈家本等的努力下①,这次改革开启了中国法律现代化之门。中国法律向近代演进,中国水土第一次移植了西方法治。

第一节 中西法治宗旨之异

在这场影响深远的中国法律近代化运动中,沈家本是法治(Rule of Law)特别是法治中审判独立的追求者和实践者。

作为晚清法律改革的主持者,沈家本熟悉我国的古代法治,对西方法治(Rule of Law)也有深入的洞见。但是,从现有的材料看,在主持法律改革之前,没有发现他对西方法治(Rule of Law)有什么了解。1900 年八国联军占领保定城,侵略者加给他的切肤之痛,导致他的思想急剧转变。1899 年秋天撰写,1907 年面世的《刑案汇览三编序》,记述了他的这一转变。

《刑案汇览三编》是沈家本保定知府任内,在保定府署编定的起自道光十八年的刑案。潜心编书的老知府,编完这本巨著后,遣词造句,把自己一生对清朝刑案,同时也是对中国传统法律的认知,写进杀青后的书序。这篇书序中的两段话,真实地记录了他的心路转变历程。

这两段话中的第一段说:

夫刑名关系重要,其事之蕃变,每千头万绪,其理之细

① 按:之所以用"等",是因为这种改革,只有沈家本一个人是不可能有太大太多的作为的。只有整个改革群体,甚至对立的群体的合力,才有可能使改革取得最佳效果。

密,如茧丝牛毛。使身膺斯责而不寻绎前人之成说,参考旧日之案情,但凭一己之心思,一时之见解,心矜则愎,气躁则浮,必至差以毫厘,谬以千里。往往一案之误,一例之差,而贻害无穷,岂不殆哉。《汇览》一书,固所以寻绎前人之成说以为要归,参考旧日之案情以为依据者也。晰疑辨似,回惑祛而游移定,故法家多取决焉。顾或者曰:今日法理之学,日有新发明,穷变通久,气运将至。此编虽详备,陈迹耳,故纸耳!余谓:理固有日新之机,然新理者,学士之论说也。若人之情伪,五洲攸殊,有非学士之所能尽发其覆者。故就前人之成说而推阐之,就旧日之案情而比附之,大可与新学说互相发明,正不必为新学说家左袒也。[①]

这段话直接说出了他花那么多时间编辑这本书的目的。用今天学者们的语言,就是为他的付出做价值论证。己亥年(1899年),经过戊戌变法,“法理之学日有新发明”,新学已经出现。老知府虽然已届花甲(虚岁)之年,也知道中国已出现一种不同于传统的“新法理”[②]。但是,他还是不无顽固地说:“理固有日新之机,然新理者,学士之论说也。若人之情伪,五洲攸殊,有非学士之所能尽发其覆者。故就前人之成说而推阐之,就旧日之案情而比附之,大可与新学说互相发明,正不必为新学说家左袒也。”也就是说,这时的老知府,虽然知道从西方传入的时人所说的新“法理”,也不排斥这种外来的新“法理”,但是看重的仍然是

① 沈家本:《刑案汇览三编序》,载(清)沈家本撰,邓经元、骈宇骞点校:《历代刑法考·附寄簃文存(卷六)》,中华书局,1985年,第2225页。

② 按:据我的寡闻陋见,这里出现的“今日法理之学”中的“法理”,是近代中国最早出现的、用古代“法理”一词对接西方“法理”,含有西方“法理”意味的汉语新词。

传统的司法经验的价值。

但是，曾几何时，修订法律大臣沈家本就把老知府沈家本的这种价值判断推翻了。丁未年，也就是公历1907年，《寄簃文存八卷》刊行[①]，收入1899年所写的这篇序。在这篇序文的末尾，修订法律大臣加上了我要引述的第二段话：

> 此编抄撮于京邸，编订于天津、保定两郡署，见者谓宜公诸世。余方筹剞劂之资，旋值庚子之变，事遂中辍。忽忽又八九年矣。今日修订法律之命，屡奉明诏，律例之删除变通者，已陆续施行。新定刑法草案，虽尚待考核，而事机相迫，施行恐亦不远。此编半属旧事。真所谓陈迹故纸也。芟薙之功，待诸来日。姑记其缘起于此。丁未仲冬。[②]

从八年前坚信前人"成说"、旧日"案情"有其特定价值，"大可与新学说互相发明"；到八年后认定这些"成说"、"案情"为"陈迹故纸"，前后变化如此之大，很容易让人怀疑：老知府是否因为当了法律大臣，做了大官，为保官升官，作秀迎合新潮流？

当然这只是一种怀疑。既无根据，也不公道。就我个人的认识而言，我认为他的这种前后变化是"凤凰涅槃，浴火重生"。

20世纪快要结束的时候，我写过一篇文章，题目叫做《保定教案与沈家本被拘考》[③]，探讨的就是这个问题。我认为，影响

---

① 按：1907年的《寄簃文存八卷》不同于《沈寄簃先生遗书》中的《寄簃文存八卷》。

② 沈家本：《刑案汇览三编序》，载（清）沈家本撰，邓经元、骈宇骞点校：《历代刑法考·附寄簃文存（卷六）》，中华书局，1985年，第2226页。

③ 李贵连：《保定教案与沈家本被拘考》，载《比较法研究》2000年第1期，第94—109页。

他的思想快速剧烈变化的原因,很可能就是撰写《刑案汇览三编序》的前年和后年。己亥年写这篇序,这之前是戊戌年,这之后是庚子年——这些是稍微知道一点中国近代史的人,都不可能不知道的年份。但是,一般人知道戊戌变法,却不一定知道变法前发生在保定北关外的教案,更不知道这个教案给保定老知府埋下的灾祸;知道庚子年有义和团、八国联军,有北京被占、慈禧西逃,却不一定知道洋鬼子南下、占领保定,因为戊戌年的北关外教案,老知府被关押四个多月,命悬一线,最后仅以身免。死里逃生的老知府,凤凰涅槃,浴火重生,做了修律大臣,为他所依托的王朝命运,为他所挚爱的国家,为他所亲见的同僚鲜血,为他个人所蒙受的屈辱,愤而激变。“公孙遗爱圣门推,论学原须并论才。国小邻强交有道,此人端为救时来。”这首脱离虎口不久,赞赏肯定春秋时期郑国子产铸刑鼎的诗,与其说是歌咏子产,毋宁说是他的自我抒怀。只要知道铸刑鼎中叔向与子产的辩论,就不难明白“国小邻强交有道,此人端为救时来”的隐喻。更何况,他的修律大臣职位,与其说是慈禧太后任命的,毋宁说是法律制度的历史性转型把他推上去的。

庚子年的切肤之痛,使他主持法律改革以后,很快就接受了从海外传来的西方法。又由于他对中国传统法造诣的精深博大,他很快就究明西方法与我国传统法的差异。对这种差异,他没有长篇大论的理论论证,但有明确的表述,而且往往一语中的。例如,关于中西审判制度,他说:

> 西国司法独立,无论何人皆不能干涉裁判之事。虽以君主之命,总统之权,但有赦免,而无改正。中国则由州县、而道府、而司、而督抚、而部,层层辖制,不能自由。
>
> 西法无刑讯,而中法以考问为常。西法虽重犯亦立而

讯之，中法虽宗室亦一体长跪。此中与西之不能同也。①

中西司法审判的差异如此，法治也是这样。在《新译法规大全序》中，他就开篇指出：

《管子》曰："立法以典民则祥，离法而治则不祥。"又曰："以法治国则举措而已。"又曰："先王之治国也，使法择人，不自举也，使法量功，不自度也。"其言与西人今日之学说，流派颇相近，是法治主义，古人早有持此说者，特宗旨不同耳。②

西方有法治，中国也有自己的法治。但是，中国自古就有的法治，与西方法治并不完全相同，只是"颇相似"。它们相似在什么地方呢？相似在"以法治国"、"使法择人"、"使法量功"等表面形式上。这种形式上的"相似"，无法掩盖二者的"宗旨"，亦即精神内核的天渊之别。二者的宗旨在什么地方呢？他论证说：

今者法治之说，洋溢乎四表，方兴未艾。……或者议曰：以法治者，其流弊必入于申、韩，学者不可不慎。抑知申、韩之学，以刻核为宗旨，恃威相劫，实专制之尤。泰西之学，以保护治安为宗旨，人人有自由之便利，仍人人不得稍越法律之范围。二者相衡，判然各别。则以申、韩议泰西，

---

① 沈家本：《裁判访问录序》，载（清）沈家本撰，邓经元、骈宇骞点校：《历代刑法考·附寄簃文存（卷六）》，中华书局，1985年，第2235页。

② 沈家本：《新译法规大全序》，载（清）沈家本撰，邓经元、骈宇骞点校：《历代刑法考·附寄簃文存（卷六）》，中华书局，1985年，第2242页。

亦未究厥宗旨耳。①

直到今天，西方学者对"法治"的解释仍然是言人人殊。但是，不管西方对法治有多少解释，西方法治不同于古代"法治"，这是中外学者的共识。"以刻核为宗旨，恃威相劫，实专制之尤。"这是中国的传统法治。"以保护治安为宗旨，人人有自由之便利，仍人人不得稍越法律之范围。"这是西方法治。"二者相衡，判然各别。"对中西法治这种一言中的的区分，就当日而言，似乎连天才的言论骄子梁任公先生也稍逊一筹。这位花甲之年才开始通过翻译而接触西方法律的老翁，短短几句话，就使人洞若观火，实在无法不使人佩服他的法学渊深，以及由此而来的洞察力。

正是这种思想的指导，所以，他反对当时国内的古今中西门户之见，力主博采古今中西的善法，改弦更张，制定适合中国国情的现代法，实行现代法治，来挽救国家民族的危亡：

> 方今世之崇尚西法者，未必皆能深明其法之原本，不过借以为炫世之具，几欲步亦步、趋亦趋。而墨守先型者，又鄙薄西人，以为事事不足取。②
>
> 夫古法之不同于今而不行于今，非必古之不若今，或且古胜于今。而今之人习乎今之法，一言古而反以为泥古，并古胜于今者而亦议之。谓古法之皆可行于今，诚未必然，谓

① 沈家本：《法学名著序》，载(清)沈家本撰，邓经元、骈宇骞点校：《历代刑法考·附寄簃文存(卷六)》，中华书局，1985 年，第 2240 页。

② 沈家本：《裁判访问录序》，载(清)沈家本撰，邓经元、骈宇骞点校：《历代刑法考·附寄簃文存(卷六)》，中华书局，1985 年，第 2235 页。

古法皆不可行于今,又岂其然。西之于中,亦犹是耳,值事穷则变之时,而仍有积重难返之势,不究其法之宗旨何如,经验何如,崇尚者或拘乎其墟,而鄙薄者终狃乎其故。[①]

总之,“立法以典民,必视乎民以为法而后可以保民”,“因民以为治,无古今中外一也”。因此,“我法之不善者当去之,当去而不去,是之为悖。彼法之善者当取之,当取而不取,是之为愚。夫必熟审乎政教风俗之故,而又能通乎法理之原。虚其心,达其聪,损益而会通焉,庶不为悖且愚乎”。[②]

具备这样的洞察力,能对中西法治做如此精辟的分析,他的价值取向不言自明:“近今泰西政事,纯以法治,三权分立,互相维持。其学说之嬗衍,推明法理,专而能精。”[③]泰西各国,“十九世纪以来,科学大明,而研精政法者,复朋兴辈作,乃能有今日之强盛,岂偶然哉?”[④]日本采用西法而强,“益知法治之说为不诬矣”[⑤]。奉行“法治”(Rule of Law)主义之意,跃然纸上。

---

① 沈家本:《裁判访问录序》,载(清)沈家本撰,邓经元、骈宇骞点校:《历代刑法考·附寄簃文存(卷六)》,中华书局,1985年,第2235页。

② 沈家本:《裁判访问录序》,载(清)沈家本撰,邓经元、骈宇骞点校:《历代刑法考·附寄簃文存(卷六)》,中华书局,1985年,第2236—2237页。

③ 沈家本:《法学名著序》,载(清)沈家本撰,邓经元、骈宇骞点校:《历代刑法考·附寄簃文存(卷六)》,中华书局,1985年,第2239页。

④ 沈家本:《政法类典序》,载(清)沈家本撰,邓经元、骈宇骞点校:《历代刑法考·附寄簃文存(卷六)》,中华书局,1985年,第2241页。

⑤ 沈家本:《新译法规大全序》,载(清)沈家本撰,邓经元、骈宇骞点校:《历代刑法考·附寄簃文存(卷六)》,中华书局,1985年,第2243页。

第二节　移植外国法,建构“宪政法治”法律制度

但是,理性的认识不等于理论体系的建立,已届垂暮之年的老翁,虽然希望通过“法治”(Rule of Law)使中国和西方、日本一样强盛起来,然而他已没有精力为这个法治建构理论体系。他只能在职分范围内,通过“斗法”[①],把自己的“法治”理想灌注到制度的建构中。这种建构是多方位的,第一步则是法律制度的变革。

晚清法律改革,虽然只有短短的十年,但是可以划分为两个阶段:1902 年到 1906 年的“新政”阶段,重点在于对旧律的改造。就沈家本的思想而言,改造旧律的目的,落脚点主要是收回领事裁判权。1906 年至 1911 年,由于宣布预备立宪,法律改革重点在围绕“立宪”,制订适于宪政时代的新律。由于新律要到“宪政”施行后才能实施,因此,这个阶段还必须继续改造旧律,使之成为“宪政”前的适用法律,因之有《大清现行刑律》的颁布施行。

这一阶段,沈家本在“折衷各国大同之良规,兼采近世最新之学说,而仍不戾乎我国历世相沿之礼教民情”思想的指导下,对传统封建法律进行大刀阔斧的改造。首先删除《大清律例》内“一时权宜”、“无关引用”或“久经停止”,以及重复出现的例文 344 条。接着,以“治国之道以仁政为先”为据,削除凌迟、枭首、戮尸、缘坐、刺字等封建法律中最残酷最野蛮的部分,又以“中外

---

① 沈氏女婿汪大燮有“改官制事,非变政,实斗法”之论,十分精当。晚清变法,实在是官僚争权“斗法”的大战场。沈家本如果没有“对中国官场逻辑的谙熟”,不会“斗法”,在当时的官场,恐怕寸步难行。

法律最不相同者,莫如刑讯一端",废除传统的刑讯制度(不彻底);为削减死罪条目,以死罪条目既"繁且重",将有死罪之名,无死罪之实的戏杀、误杀、擅杀三项罪名,由死罪改为流徒;修改《秋审条款》,删除旧文,纂集新事,将原有185条减为165条;以推行宪政,权力分立,行政不应干涉司法,奏请停止中央的九卿会审制和地方的督抚布政使会审制;依据西方"尊重人格"的思想,删除奴婢律例,奏请严格禁止买卖人口;以死刑在闹市当众执行有违"明刑弼教"之义,将死刑执行由公开改为秘密,由明刑转为隐刑;以"立法必先统于一,法一则民志自靖",奏请在法律上化除满汉畛域,删除《大清律例》内"满汉罪名畸轻畸重及办法殊异之处",使国内各民族适用同一法律;并以"万物之生机,必周流而始能便利",变通旗民不准与民人交换买卖土地的禁令,等等。宣统元年(1909年),他吸收上述改革成果,通过删除、修改、修并、移改、续纂等方法,将《大清律例》改造为《大清现行刑律》,沿用近两千年的笞、杖、徒、流、死五刑之名被废除。这部吸收了西方法精神的《大清现行刑律》,被时人和后人誉为中国历代法典中最后且最进步的法典。

由于宪政需要法治,第二阶段的法律改革是为宪政编制推行法治的法律文本,即制订各种现代法典。这一阶段,他的理想是为中国建造一个现代法治的制度框架,希望中国能因"法治"而强盛。这正是这个时段他的著述频频出现"法治",并对中西"法治"进行区分的原因。这不是我的推测,1907年他被重新任命为修订法律大臣后所上的奏疏说得十分清楚:

> 窃维法治主义为立宪各国之所同,编纂法典实预备立宪之要著。臣等自审懵昧,重任恭膺,仰窥宵旰之忧勤,环顾国民之殷望,夙夜祇惧,莫可名言。受命以来,逐日公同

商酌,谨拟大概办法,为我皇太后、皇上敬陈之:

一、参考各国成法,必先调查也。日本变法之初,调查编订阅十五年之久而后施行。就我国今日情势言之,较诸日本,益形迫切,而事关立法,又何敢稍涉粗疏。拟一面广购各国最新法典及参考各书,多致译材,分任翻译;一面派员确查各国现行法制,并不惜重资延订外国法律专家,随时咨问。调查明彻,再体察中国情形,斟酌编辑,方能融会贯通,一无捍格,此为至当不易之法。

一、任用编纂各员宜专责成也。宪政编查馆原奏内称,分派提调、纂修等员及延聘东西法律名家各节,应俟开馆后,由该大臣等拟具章程,奏明办理等语。臣等悉心酌核,拟设提调二员,由臣等督饬筹办全馆事宜,一俟慎选得人,开单请旨简派,以昭郑重。此外纂修、协修各员,容臣等甄择通才,奏调到馆。任用之方,以明定课程,优给薪水为主,总期有专责而无冗员,庶收指臂之助。聘用外国法学专家未可轻率,自当妥订合同,以防流弊。至体查中国礼教民情,所包者广,断非臣等之孤陋所能自信。拟略仿吏学馆章程,分省延请谘议官,待以宾师之礼,用资受教。

一、馆中需用经费宜先筹定也。开办用款,如建设馆舍,添购书籍、印字机器等项,核实估计,约需银两万两。常年用款,如调查、翻译、薪水、纸张、印工、饭食等项,约计每年需银十万两。库储支绌,臣等固所深知,但使可从简略,讵敢稍涉铺张。惟是立法事宜关系全国,既非一手足之烈,亦非一朝夕之功,所有需用经费均系再三确核,力求撙节,无可再减。拟恳天恩饬下度支部照数拨给,俾臣等有所藉手,用竣开单奏销,咨部备案。以上三端皆切要之事,如蒙俞允,臣等自当殚竭心力,以冀有成。俟开馆后拟具章程,奏明办理。[①]

奏疏开篇就说“法治主义为立宪各国之所同,编纂法典实预备立宪之要著”。这种为各国立宪所同的“法治”,当然是从外面拿来的西方现代法治。编纂实行这种法治的法典,既然是“预备立宪之要著”,那么,编纂者就必须明白知道“西法之宗旨”,也就是西方法律的精神实质。而要知道明白西方法律的精神,就要研究西方的法律法学。而要研究西方的法律法学,当时最重要的工作就是翻译外国的法律法学著作。用他的话说,就是“欲明西法之宗旨,必研究西人之学,尤以编译西人之书”,“参酌各国法律,首重翻译”。这是“会通中西”的前提条件。因此,从修订法律馆开始工作之日起,他就极为重视外国法律法典和法学著作的翻译工作。不但不惜重金聘用专攻法政的回国留学生担任翻译,而且,为求译文准确信达,译员每译成一种法律,他就要与原译之员,“逐字逐句,反复研究,务得其解”。深恐翻译失实,而致采用有误。他对西方法律法学的了解,就是通过这种“逐字逐句,反复研究”而取得的。在他的主持下,修订法律馆终于在不到10年的时间里,把日、德、法、英、美、俄等世界主要国家的100多部法律、法典和法学著作,比较准确地翻译成中文,从而使法律改革获得了必要的参照系,为中国法律走向世界奠定了文本基础。

仿照西方法律来制定新律,是晚清法律改革的重要任务,也是中国实行西方式法治的前提,用今天的话来说,就是要“有法

① (清)朱寿朋编,张静庐等校点:《光绪朝东华录》(第五册),中华书局,1958年,总第5765—5766页。

可依”。在翻译研究外国法律已经取得一定成效的基础上,沈家本选定日本法律,把日本明治维新后仿照欧法而制定的新法作为楷模,聘请日本法律专家为顾问,排除守旧派的各种干扰,完成了《刑事民事诉讼法》、《破产律》、《大理院审判编制法》、《法院编制法》、《大清新刑律》、《大清刑事诉讼律》、《大清民事诉讼律》、《违警律》、《国籍条例》、《大清民律》、《大清商律》等法律和法典的起草。这些草案,有的经过反复修改后由清廷颁布,作为正式立宪后的法律实施;有的则因清朝被推翻而仍为草案。颁布的法典,在民国成立之后大多被修改而施行,草案则被继续反复修改,成为后来立法的蓝本。

“法治国”首先要有现代法治之法律文本。以上新法,不管是已经颁布实施的法律、法典,还是草案稿本;也不管清帝国的当政者们搞的是真立宪还是假立宪,这些白纸黑字写着的法律文本,都是为宪政法治制定的法案。经过激烈的争论,宪政法治必备的人权保障、罪刑法定、司法独立等基本价值,一一写入文本,并成为这些文本的精髓。

第三节 融合中西,推行审判独立

清廷宣布预备“立宪”后,沈家本是一位坚定的司法/审判独立主义者[①]。他既是当时司法/审判独立的理论阐述者,同时又是实践者。

---

① “司法独立”是近代以来的常用词。但是我觉得,司法独立没有审判独立确切。现在称作“司法”的机构太多,容易使人误解这些带有“司法”的机关都要独立。

一、著《历代刑官考》,论证“政刑权分”中西相合

为论证中国古代也有近代法治国家所要求的审判独立的传统,沈家本特著《历代刑官考》,在考察中国历朝刑官沿革的基础上,指出:

> 成周官制,政刑权分。教官之属,如乡师、乡大夫、州长、党正,各掌其所属之政教禁令,此持政权者也。刑官之属,如乡士、遂士、县士、方士,各掌其所属之讼狱,此持刑权者也。……近日欧洲制度,政刑分离,颇与周官相合。①

《历代刑官考》成书于1909年,正是清廷筹建各级审判厅,将审判权从各级行政官手中剥离之际。因此,人们尽可讥评他以古代“刑官”比“欧洲制度”的幼稚浅薄,批评他“司法独立非惟欧西通行之实力,亦我中国固有良规”之论的妄谬。但是,我们无法否认他在社会转型时期为当时各级审判厅奠基的理论意义;而就论证方法而言,也无法断言他的方法就一定比其他论证方法的效果逊色。实际上,就当时的环境而言,如果不用这种“托古改制”或“复古改制”的手法,而直接用西方理论去阐述司法/审判独立在中国的必要性,它的效果究竟有多大,实在令人怀疑。

---

① 沈家本:《历代刑官考》,载(清)沈家本撰,邓经元、骈宇骞点校:《历代刑法考·历代刑官考二卷(四)》,中华书局,1985年,第1962页。

二、派员考察日本裁判制度,确认“司法独立与立宪关系至为密切”

如果说,《历代刑官考》是从中国传统说明司法/审判独立在中国的可行性,那么,调查日本裁判制度,则是实地考察司法/审判独立在东方国家的实效,近距离地观察和探讨西方司法独立之本原。

光绪三十一年(1905 年)九月,他和伍廷芳专折奏请派员考察日本的裁判制度。1906 年,董康、麦秩严、熙桢、王仪通接受委派,在日本司法省特简参事官斋藤十一郎、监狱局事务官小河滋次郎的协助下,分历日本各处裁判所及监狱详细参观。通过半年多的调查访问,将见闻所及,撰写裁判四章、监狱二十二章,缮具清单进呈上奏。

通过考察,沈家本确信日本“国力之骤张基于立宪,其实司法独立隐收其效”。在列举行政官兼任司法的四大害处之后,他斩钉截铁地指出:“司法独立为今刻不容缓之要图。”

三、引入律师制、陪审制

律师是职业法律人群体的重要组成部分。律师制和陪审制是西方司法审判独立的重要制度。特别是英美法系国家,案件的审判,陪审团、律师制约法官,依法审判案件,使法官不能肆意妄为,避免司法专横。

清末最早提请采用律师制和陪审制的法案,是 1906 年的《刑事民事诉讼法草案》。在《进呈诉讼法拟请先行试办折》中,沈家本、伍廷芳明确提出:

考欧美之规制款目繁多，于中国之情形未能尽合。谨就中国现时之程度，公同商定简明诉讼法，分别刑事、民事，探讨日久，始克告成。推原其中为各国通例而我国亟应取法者，厥有二端。

一宜设陪审员也。《周礼·秋官》：司刺掌三刺之法。三刺曰讯万民，万民必皆以为可杀，然后施上服、下服之刑。此法与孟子"国人杀之"之旨隐相吻合，实为陪审员之权舆。秦汉以来，不闻斯制。今东西各国行之，实与中国古法相近。诚以国家设立刑法，原欲保良善而警凶顽，然人情诪张为幻，司法者一人，知识有限，未易咸知，宜赖众人为之听察，斯真伪易明。[①] 若不肖刑官，或有贿纵曲庇，任情判断，及舞文诬陷，尤宜纠察其非。拟请嗣后各省会并通商巨埠及会审公堂，应延访绅富商民人等，造具陪审员清册，遇有应行陪审案件，依本法临时分别试办。如地方僻小，尚无合格之人，准其暂缓，俟教育普被，一体举行。庶裁判悉秉公理，轻重胥协舆评，自无枉纵深致之虞矣。

一宜用律师也。按律师一名代言人，日本谓之辩护士。盖人因讼对簿公庭，惶悚之下，言词每多失措，故用律师代理一切质问、对诘、复问各事宜。各国俱以法律学堂毕业者给予文凭，充补是职。若遇重大案件，即由国家授予律师。贫民或由救助会派律师，代伸权利，不取报酬补助，于公私之交，实非浅鲜。中国近来通商各埠已准外国律师办案，甚至公署间亦引诸顾问之列。夫以华人讼案藉外人辩护，已

---

① 按：以上恐怕不是他们的真实见解，洋博士伍廷芳不会有此见解，沈家本恐怕也不是真如此策略吧。

觉捍格不通,即使遇有交涉事件,请其伸诉,亦断无助他人而抑同类之理,且领事治外之权因之更形滋蔓,后患何堪设想。拟请嗣后凡各省法律学堂俱培养律师人才,择其节操端严,法学渊深,额定律师若干员,卒业后考验合格,给予文凭,然后分拨各省,以备办案之用。如各学堂骤难造就,即遴选各该省刑幕之合格者,拨入学堂,专精斯业,俟考取后,酌量录用,并给予官阶,以资鼓励。总之,国家多一公正之律师,即异日多一习练之承审官也。①

在这种思想的指导下,新法案用明确的条款对此作出规定。但是,这些条款同样遭到张之洞逐条逐句的批驳:

第一百九十九条　凡律师俱准在各公堂为人辩案。

按:泰西律师成于学校,选自国家,以学问资望定选格,必求聪明公正之人。其刑官多用此途,优者得入上议院,寄以专责,考以事功。而律师与承审各员同受学堂教益,自不敢显背公理,中国各官治事,所治非所学,任官又不出专门。无论近日骤难造就如许公正无私之律师,即选拨各省刑幕入堂肄业,而欲求节操端严法学渊深者,实不易得。遽准律师为人辩案,恐律师品格尚未养成,讼师奸谋适得尝试。且两造若一贫一富,富者延律师,贫者凭口舌。则贫者虽直而必负,富者虽曲而必胜矣。②

---

① 《修订法律大臣沈家本等奏进呈诉讼法拟请先行试办摺(并单)》,载政学社印行:《大清法规大全·法律部(卷十一)·法典草案一》,第四册,第一一二页。

② 赵德馨主编,吴剑杰、冯天瑜副主编,吴剑杰、周秀鸾等点校:《张之洞全集》第4册《电奏 奏议》,武汉大学出版社,2008年,第317页。

第二百五条　凡通商口岸公堂中外交涉之案，有外国官陪审者，亦可准外国律师上堂为人辩案。

按：律师虽非官吏，辩案实系公权。各国公权无有许外国人者，故各国律师无有用外国人者。中国通商口岸，以外人有治外法权之故，不得不用外人为律师。然以法律承认之则可不必。至"外国官"三字，范围太广，易滋辩论之端。查交涉案件，有外国官陪审者，此外国官必系驻札该处之领事。中国所称之治外法权，实外国所称之领事裁判权，言领事而有裁判之权也。如领事以外，有彼国使臣派来之官，祇可谓之观审人员，不得以陪审论。至领事临时所遣之翻译，虽可在旁问供。然此时非翻译之资格，乃领事之代表，是其地位本与领事无异，不得浑称为外国官。来条约文牍于此节，甚为含糊。亟应申明以清界限。拟请各条内，所有外国官字样，均改为领事官，以示领事以外不许有裁判权之意。①

第二百七条　外国律师有犯上条情节，照会该国陪审员或领事官，禁止上堂辩案。如有应科罪者，由该国领事自行办理。

按：上条所载情节，如故意不敬，或语言轻侮等类，则所犯尚轻。至教唆、诬告、欺骗等项，教唆罪依日本、德国刑

① 赵德馨主编，吴剑杰、冯天瑜副主编，吴剑杰、周秀鸾等点校：《张之洞全集》第4册《电奏 奏议》，武汉大学出版社，2008年，第317—318页。

法,均照正犯。法国刑法教唆罪无专条。诬告罪日本则照伪证罪定。而伪证又分曲庇陷害,其曲庇陷害者分处禁锢、罚金,因陷害而被告人已处刑者全坐,死刑减一等。德法两国均重伪证罪,而诬告罪反轻。其欺骗之罪,日本德国均处重禁锢、罚金,与法国之处监收罚金同。所不同者罚金数目之多寡。本法声明照会该国陪审员、领事,由领事自行办理。无论领事陪审,难保不临时回护。且此等有失主权之事,乃竟于诉讼法内一并宣布,通行天下。无论问心不安。且适为外人所窃笑矣。①

第二百八条　凡陪审员,有助公堂秉公行法,于刑事使无屈抑,于民事使审判公直之责任。

按:外国陪审员之制仿自英吉利。英人重公德,能自治,故陪审员有益而无损。法、德诸国仿之,已多流弊。盖为陪审员者,非尽法律专家,逞其臆见,反复辩论。既掣问官之肘,又延判决之期。欧洲学说已有抉其弊者。日本裁判制度多仿西洋,然区裁判所只设判事一人,地方裁判所以上,有陪席判事而无陪审员。所以然者,亦以日本人民无陪审员程度故也。中国束身自爱之绅士必不肯至公堂,即问官以陪审重要之故责以义务,科以罚金,必有甘受惩罚而不愿涉足公门者。其肯到堂陪审者,非干预词讼之劣绅,即横

① 赵德馨主编,吴剑杰、冯天瑜副主编,吴剑杰、周秀鸾等点校:《张之洞全集》第4册《电奏 奏议》,武汉大学出版社,2008年,第318页。

行乡曲之讼棍。以此辈参列陪审,岂能助公堂秉公行法耶!①

然而,这种反对声音最终未能阻止中国引进律师制度的步伐,与法院法官一样,在历史潮流下,律师终于在中国登堂入室。

第四节 创建法律学堂,开展现代法学教育

时下爱说法律人,养成法律人,这是推行法治不可缺少的重要方面。职是之故,在改革旧法、翻译外法、制定新法的过程中,沈家本极为重视中国近代法教育和法学研究。在他的多方奔走和主持下,中国近代第一所全国性的法学教育学校——京师法律学堂,于 1906 年在北京开办。他以修订法律大臣身份兼任该学堂的管理大臣(校长),几年之内,“毕业者近千人,一时称盛”。

现代法学教育,其始应为 1895 年的北洋大学堂。如果再早一点,可以上推到 1869 年同文馆“国际公法”课程的开设,但是,正规而有系统的法学教育,应该是 1906 年由他主持开办的这所京师法律学堂。这是一所为新设各级审判厅培养法官的学校。在京师法律学堂的示范作用下,各类法学教育机构在全国各地迅速成立,从而掀起了清末民初中国近代第一次法学教育高潮。为促进法学研究的深入,在他的推动下,全国性的法学学术团体——北京法学会,于 1910 年在北京成立,并由他出任第一任会长。在此基础上,他还推动创建法学研究所,创刊《法学会》杂

① 赵德馨主编,吴剑杰、冯天瑜副主编,吴剑杰、周秀鸾等点校:《张之洞全集》第 4 册《电奏 奏议》,武汉大学出版社,2008 年,第 318 页。

志。围绕北京法学会，中外学者云集，同人相聚，讲说新理，推演旧义，盛极一时，奠定了中国近代以法为研究对象的法学的学术地位。可以说，他是中国近代法学当之无愧的开路人。

总之，回顾沈家本的法治理论与实践，可以看出：模范列强，制定"宪政"之法；在"宪政"之法的规范下，实行司法独立；开展现代法学教育，养成现代法律人。这就是沈家本晚年致力法律改革的理想。这种理想，就是法治(Rule of Law)的理想。对于他的这种理想和付出，时人是认同肯定的。从1913年北京湖广会馆追悼会时，社会各界送给他的挽联中，可以看出时人对他的盖棺定论：

法治开先河，综全国专家，执贽曾看争北面
儒宗钦薄海，读等身著作，传名应不让南皮

所谓今之皋陶，取申韩法治精神务去其毒
不愧古时儒者，习马郑经生事业而会其通

法治导先河，钜典修成，笔挟风霜难易字
作人开广厦，宗工遽杳，手栽桃李未成荫

老成人尚有典型，愿共和国民为法治国民，大辂椎轮谁祖述

万间厦广庇寒士，是同堂纪念即千秋纪念，山邱华屋感存亡

藏之名山，传之其人，并世著作家，一代文章推师表

民吾同胞，物吾同与，共和法治国，千秋功伐在刑书

但是，沈家本的这种法治追求理论贫乏。晚清立法修律是专制帝王政治权力危机的产物，而不是理论成熟的民众政治行动。沈家本接受的是帝国皇帝的修律任命诏书，他是清帝国的修律大臣，而不是君主立宪国或共和国议会推举的法律起草委员会主任。他主要从救国救亡角度接受西方法治，认为实行西方式的法治就能强国救国。由于主客观上的这些原因，理论缺失便在所难免。这是20世纪初年法律改革者追求西方法治的死穴。

缺失在什么地方呢？

现代法治的原则是人权保障和分权。沈家本说过，申韩法治是专制之尤，也就是集权。西方法治是三权分立，互相维持，使人人都有自由的便利，又不超越法律的范围。但这仅仅是几句话，是纲，没有展开，没有理论体系。在人权保障上，"礼法之争"可以说是围绕人权的法律论战，法派当时就提出，制定新法的一个重要目的就是保护人权。还有禁革买卖人口，废除奴婢律例，都可以说是人权的保障。但同样缺少理论体系的支持。

司法独立是沈家本法治追求的重要部分，在理论上他做过一些论证。他的论证分为两层：一是通过分析传统中国行政兼理司法的四大弊害，来间接说明司法独立在近代中国的必要性；二是司法独立已成各国的潮流，而且是中国古已有之的良规。

沈家本归纳的行政官兼理司法存在四大弊害，简言之：行政官员没有专门的法学知识；胥吏容易营私舞弊；上诉制度流于虚设，相关法规几乎形同具文；以及它的存在有碍于收回领事裁判权。这种论证，没有触及行政官兼理司法这个制度本身与传统君主专制之间的必然关系。司法独立制度本身的独立价值——

作为贯彻西方权力分立的重要制度设计以保障公民的自由和权利——实际上被有意无意地抽掉了。在西方,不论是在英美等普通法国家还是在法德等大陆法系国家,司法独立制度的建立,是保证有超然于诉讼双方之上的公正裁判者,防止各式各样的专断权力对公民权利和自由的侵犯。尤其是抵御国家本身和作为国家代表的当政者(也就是通常所说的公权力)对公民的威胁,使司法成为人民权利的最后庇护所。这方面的论证,沈家本着墨不多,他只简略地说"司法独立,与立宪国关系至为密切"[①]。但是,两者"密切"在何处,立宪国优于专制国的地方何在,等等问题都没有论及。为什么?是不敢论、不想论还是不知道无法论?现在找不到答案。司法独立停留在操作层面上,这种功利性的司法独立观只会产生更功利的"法治"理论。这种工具主义层面上的司法独立和"法治",在相当大的程度上揭示了它在近代中国的命运。

为什么会这样?原因在时代。

唐德刚常说时势比人强。现代法治,不论是君主立宪下的君宪法治国还是民主立宪下的"共和法治国",都是西方现代国家模式。这种模式,以"宪政"为前提。不管这种"宪政"是民主的还是君主的,抑或是君民共主的,搞宪政就要分权。但是,清帝国的"立宪",是在内外交困的局面下,为稳定自身统治权力而被迫宣布的"立宪"。他要的是集权,而不是分权,是借立宪集权于皇帝,集权于清朝贵族。这种"立宪",不但不同于西方的民主立宪,与日本的"君主立宪"也相距甚远,甚至还是导致清帝国被迅速推翻的重要原因。

---

① 《调查日本裁判监狱报告书》卷前奏疏。

在这样的环境中，沈家本按照自己的理想而构建的制度，其实际状况会怎样呢？

民国成立，汪庚年（曾经编辑刊行《京师法律学堂笔记》）在他的《上大总统及司法总长条陈司法独立书》中说："前清时代，无论普通行政、司法行政，莫不以侵犯司法为常例。"行政官"强揽司法权，以售其舞文弄法之伎俩而遂其私"。而"审判官之判决案件，其拟律之判决文必先受本厅长官之删改，再受法部之核稿，往返驳诘，不得其许可，其谳即不能定"。在法官的任用上，"司法大臣之任用司法官也，一差一缺，纯以金钱献媚的多寡为标准。巧立章程，以便其迁就；破坏法律，以逞其私心"。其结果，"一般毫无法律知识者，皆以金钱或声气之能力，蟠踞于其中"。而就沈家本极为关注的京师监狱而言，"北京之模范监狱，其建筑之目的不在改良监狱以改良罪质，乃有调剂私人，多派监工委员，假土木以夥分国库之支出而已"①。

总之，清帝国被迫的"立宪"，是沈家本通过司法独立来推行近代中国"法治"的理想受挫的关键原因。

可以肯定的是，通过改革者的努力，大理院终于从刑部剥离出来，一部分地方审判厅也从知县知府衙门剥离出来，中国破天荒有了大理院和各级审判厅这样的专门审判机构。这是进步，应该肯定。但是，前面说了，沈家本的法治实践并没有解决行政干涉司法的问题。更为糟糕的是，民国以后枪杆子干涉司法，比行政干涉司法更可怕。到 1928 年南京国民政府搞司法党化，要党员司法，党义司法，这是历史的进步，还是历史的退步？这一

---

① 民国元年 4 月 21、24－25 日《盛京时报》，转引自《中华民国建国文献・民初时期文献》第一辑，《史料二》。

点留给后人去思考。不过,当时的一些学者认为这是革命——一位有名的学者,他的一本书的书名就叫《法律的革命》[1]。

七十三、八十四,阎王不请自己去。1913年端午节,这位改革者阎王不请自己去了。这不是一个好日子。悲愤的屈原就是这天投江的。眼睁睁看着自己拼老命所搞的改革收到这样的果实,现实太残酷太无情了。“可怜破碎旧山河,对此茫茫百感多。”[2]老人吟咏着、叹息着离开了这个世界。

---

① 黄右昌:《法律的革命》,北京大学法律研究社1929年编著。

② 《枕碧楼偶存稿》十二,《梦中作》。

专以法律为治：章太炎的“法治”方案

章太炎（1869—1936），原名炳麟，字枚叔，因慕明末清初顾炎武之为人，易名绛，别号太炎，浙江余杭人。中日甲午战争后，投身康、梁的维新运动。1903 年，在上海《苏报》发表《驳康有为论革命书》，斥光绪为“载湉小丑，不辨菽麦”。又为邹容的《革命军》作序，誉之为革命的“义师先声”。被清政府勾结上海公共租界工部局以“亵渎皇帝，倡言革命”罪逮捕入狱。这就是轰动一时的“苏报案”。1906 年，刑满出狱，东渡日本，加入同盟会，主持《民报》，与康梁保皇派论战，从戊戌变法到辛亥革命前夕，“七被追捕，三入牢狱，而革命之志，终不屈挠”。辛亥革命后，倡言“革命军兴，革命党消”，支持袁世凯，后又反对袁世凯。五四运动时期，反对新文化运动，反对孙中山“联俄、联共、扶助农工”的三大政策和国共合作，宣扬“尊孔读经”。1931 年，“九一八事变”发生后，坚持反帝爱国立场，主张抗日救国，谴责“攘外必先安内”的反动政策。1936 年，临终之前，赞成中国共产党提出的团结抗日主张。

在国家社会大转型的近代中国，各种人物思想复杂多变。而就思想复杂深刻而言，章太炎恐怕不数第一，也可数第二。在法治问题上，章太炎同样显示了他的这种深刻性和复杂性。他是专制帝国的反叛者、掘墓人；又是商、韩“法治”的公开辩护人。他是民国的设计者，早在1906年就高呼“中华民国万岁！”又是西方代议政治的有力批判者。薛允升、沈家本认为唐律最好，他则认为“上至魏下讫梁”的五朝之法最宽平无害。他的法治思想和设计，既不是Rule by Law，也不是Rule of Law；既有Rule by Law，也有Rule of Law。他和孙中山认识交往很早，对“法治”的认识，两人既有相通之处，也存在重大差别。

第一节 革命时代的法治理想

一、以法律为诗书者，其治必盛

萧公权认为，章太炎的政治哲学以个人为中心点。他平生很难与人合作：他谢本师，与康梁先合作后决裂，与孙中山也是这样，反复合作决裂，对袁世凯是先拥护后决裂，好像只有与黎元洪没有决裂。他最推崇荀子，荀子是性恶论者，他的人性观好像也和荀子一样。所以他不相信人。由此他既反对人治，也反对人、法兼治，主张“专以法律为治”的法治。他总结中国历代治乱的经验说：“铺观载籍，以法律为《诗》、《书》者，其治必盛；而反是者，其治必衰。”①《诗》、《书》就是经典，他要求奉法律为经典，任何人都不得离开法律任意而行。为此，他论证说：

1. 古官制发源于法吏，法治早于人治

① 章炳麟：《章太炎全集(四)・文录卷一・官制索隐》，上海人民出版社，1985年，第96页。

章太炎以中国古代历史为据考证说：唐虞之世，天子和贵族世侯一起议决政事。由于贵族世侯的地位与天子相差无几，可以单独行使职权，所以天子不能专制。因为天子不能驾驭贵族世侯，于是就起用身边的"奴仆与近侍"，把他们引为心腹，名之为"公辅"。他认为，商代的伊尹就是这种人。自商代以后，历朝的御史大夫、尚书令、司徒、司空、侍中、中书令及明清之内阁等等，都是作为仆从小臣得到君主信任，从而进位为"公辅"的。这些人以帝王的喜怒和好恶来治理国家，"名为帝师，或曰王佐，其实乃佞幸之尤"，根本不依法行事，其结果是祸国殃民。

法吏则不同，它的起源远远早于"公辅"，是远古战争的产物。战争需要军队，军队必须有申明纪律、审讯俘虏的"法吏"；"及军事既解，将校各归其部，而法吏独不废，名曰士师"①。所以，古代治理民众的官吏只有士师。后来，随着国家机构逐步完备，士师一人已无法治理，于是将士师的职权分开，凡长民者皆称为官吏，这才产生了所谓的官制，可见法治要远远先于人治。

2. 荀卿韩非之说不可易

辛亥革命后，章太炎在追述自己寻求救国之路时说："遭世衰微，不忘经国，寻求政术，历览前史，独于荀卿、韩非所说，谓不可易。"②他赞扬先秦法家以法治国，执法严明，信赏必罚。如说："管子治齐，首主法律。以此创业垂统，则中主可持国矣"③；

---

① 章炳麟：《章太炎全集（四）·文录卷一·官制索隐》，上海人民出版社，1985年，第95页。

② 章炳麟著，汤志钧编：《章太炎政论选集（下册）·菿汉微言（选录）》，中华书局，1977年，第734页。

③ 章炳麟著，虞云国标点整理：《菿汉三言·菿汉微言》，辽宁教育出版社，2000年，第44页。

商鞅、韩非"不逾法以施罪，不剿民以任功"[①]，"政令出内，虽乘舆亦不得违法而任喜怒"[②]。

在中国历史上，商鞅和秦始皇都以严刑峻法而为人唾骂。章太炎则为先秦法家的重刑思想辩护。他解释说：中国历史上的重刑有两类。一类是"以刑维其法"，即用重刑维护法律之实施，代表人物就是商鞅和韩非。他们行重刑不是"以刑为法之本"，而是把重刑作为行法的手段，通过重刑，使法律从上到下得到贯彻实施。因此，这种重刑虽然刑罚很重，商鞅曾"一日刑七百人以赤渭水"，但却是合理的。因为"商鞅行法而秦日富"，直至家给人足，道不拾遗，山无盗贼，所以刑虽重而无可非议。另一类是"以刑为鹄"，重刑的目的不在保证法律的实施，而在讨好人主，最终满足自己的私欲。这类重刑以汉朝的公孙弘、张汤、赵禹为代表。他们"专以见知、腹诽之法震怖臣下，诛锄谏士，艾杀豪杰，以称天子专制之意"。[③] 每审一案，"不千金不足以成狱"，因而"张汤行法而汉日贫"，以致"盗贼满山"。通过这种比较，他最后得出结论说，商鞅与张汤等人虽然都行重刑，但商鞅是"知有大法"的重刑，而张汤等则是徒知有"陛狱之制"的重刑。因此，商鞅是政治家行法治，张汤之流则不过是刀笔吏的卑鄙行为而已。

章太炎是一个坚定的法治主义者。他认为要治理好国家，就必须像商鞅、韩非那样"知大法"，而不能学张汤行"陛狱之

---

① 章炳麟：《章太炎全集（四）·文录卷一·释戴》，上海人民出版社，1985 年，第 123 页。

② 章炳麟著，汤志钧编：《章太炎政论选集（上册）·商鞅》，中华书局，1977 年，第 70 页。

③ 章炳麟著，汤志钧编：《章太炎政论选集（上册）·商鞅》，中华书局，1977 年，第 69 页。

制”。他把商鞅的法治和西方资产阶级的法治进行比较,认为两者“整齐严肃则一也”,区别仅在于“轻刑一事”[①],即商鞅施重刑行法治,西方行轻刑求法治。这种比较显然混淆了两种不同质的法治。

在颂扬法治的同时,章太炎猛烈抨击人治。他指斥董仲舒作《春秋决狱》,“引经附法”为“佞之徒”;汉代儒家“舍法律文明,而援经诛心以为断”,无异于“为法之蠹”[②]。他还把黄宗羲提出的“有治法而无治人”视为“欺世之谈”。其根据就是黄宗羲提出这一命题后,又主张学校议政,“使诸生得出位而干政治”[③]。他认为,诸生在校读书,既非官吏,所学亦全非“刑名”;退一步说,即使学过“刑名”,亦未从政,学业不修而去议政,造成“士侵官而吏失守”[④],其结果只能是人治。这就是“过任治人,不任治法”[⑤],从而否定了自己的“有治法而无治人”。

章太炎不仅反对人治,而且反对人、法兼治。他批评朱元璋“诵洛、闽儒言,又自谓法家”,儒法相渐,人法并治,愈治愈乱。“任法律而参洛、闽,是使种马与良牛并驷,则败绩覆驾之

① 章炳麟著,汤志钧编:《章太炎政论选集(上册)·商鞅(文末附识)》,中华书局,1977年,第73页。

② 章炳麟著,汤志钧编:《章太炎政论选集(上册)·原法》,中华书局,1977年,第43页。

③ 章炳麟著,汤志钧编:《章太炎政论选集(上册)·王夫之从祀与杨度参机要》,中华书局,1977年,第427页。

④ 章炳麟:《章太炎全集(四)·文录卷一·非黄》,上海人民出版社,1985年,第125页。

⑤ 章炳麟著,汤志钧编:《章太炎政论选集(上册)·王夫之从祀与杨度参机要》,中华书局,1977年,第427页。

术也。”①

二、“宽平无害者”五朝之法

民国要“专以法律为治”，但是章太炎所要的“法律”并不是，或者说主要的并不是西方法律。他对西方法律有很强的排斥心理。早在辛亥革命前，他就说：“往时伍廷芳在律例馆，欲尽改清律如美律，日本法家被佣为顾问者笑之。”②他说日本专家笑之，实际他同样笑之。所以辛亥革命爆发才回国，他就发表宣言说：“诸妄主新律者，皆削趾适履之见，虎皮蒙马之形，未知法律本依习惯而生，非可比傅他方成典。故从前主张新律者，未有一人可用。”③

章太炎是深受中国古代文化熏陶、熟悉中国历史的思想家。西方法律不能用，传统法律怎么样呢？他赞美商韩，商韩著作只有思想，还未形成完整制度。通过考察中国历代法律，他认为汉代法律，采取董仲舒“春秋诛心之法”，“不可依推”；《唐律》虽然“文帙完具”，但是承用“十恶”之条，也不可用；“宽平无害者，上至魏，下讫梁、五朝（指魏、晋、宋、齐、梁）之法而已”④。为此，他专门撰写了一篇文章，名为《五朝法律索隐》，指出这五个朝代的

---

① 章炳麟：《章太炎全集（四）·文录卷一·释戴》，上海人民出版社，1985年，第122页。

② 章炳麟著，汤志钧编：《章太炎政论选集（上册）·清美同盟之利病》，中华书局，1977年，第474页。

③ 章炳麟著，汤志钧编：《章太炎政论选集（下册）·宣言九》，中华书局，1977年，第529页。

④ 章炳麟：《章太炎全集（四）·文录卷一·五朝法律索隐》，上海人民出版社，1985年，第79页。

法律虽然残缺不全，但“举其封略，则有损上益下之美；抽其条目，则有抑强辅微之心”[①]。主张以五朝之法为主干，再略采他方诸律，互相糅合，就可以制定出既能“庇民”，又可“持国”的好法律。五朝法律“信美”之处在哪里呢？他列举条目说：

一是重生命。其法有二：

1.“父母杀子者，同凡论。”这一条源自晋律。他针对的是传统法律中尊长杀死卑幼能够减轻刑罚，甚至免除刑罚的相关规定。

2.“走马城市杀人者，不得以过失杀人论。”这一条也来自晋律。他认为，明知都市人多而跑马伤人，这是故意犯罪。“若无走马杀人之诛，则是以都市坑阱人也。”他由此推及当时的电车，“日本一岁死电车道上者，几二三千人”，惨不忍睹。电车只利富人，无益人民，国家立法不能“惟欲交欢富人，诡称公益，弛其刑诛”。因此，立法应参照晋律，制造电车和使用电车者，处二岁刑。使用电车轧死人命，车主和车夫都处死刑。

二是恤无告。其法有一：诸子姓复仇者，勿论。这一条源自汉魏旧法，“谋杀、故杀、贼杀诸科，官未能理者，听其子姓复仇”。为什么要这样规定？因为“法吏断狱，必依左证报当，左证不具，虽众口所欲杀，不得施。如是，狡诈者愈以得志，而死者无有可申之地”。为使恶有所报，冤有所伸，这条法律应该保留。但复仇要有限制，只有被害者的“子姓”即直系卑亲属才能复仇，不是“子姓”以及斗殴相杀者，不许复仇。

三是平吏民。其法有二：

---

① 章炳麟：《章太炎全集（四）·文录卷一·五朝法律索隐》，上海人民出版社，1985年，第85页。

1.“部民杀长吏者，同凡论。”这一条是魏晋相承之律。立法理由是，“法律者，左以庇民，右以持国。国之所以立者，在其秩分，秩分在其官府，不在其任持官府者。故谋反与攻盗库兵，自昔皆深其罪。及夫私人相杀，虽部民、长吏何择焉?”魏晋以后，这条法律被修改，部民杀长吏不再同凡科断。现在是“此省此道之民，杀彼省彼道之吏，亦与部民杀长吏同科”。完全违反法律“庇民”之意。他认为，推翻清朝以后，如果实行民主制，官民之间已无等级之分，民杀官理应和一般人相杀一样论罪。如果行君主立宪制，“部民杀长吏，亦当取魏、晋旧律，悉同凡论”。齐民杀官吏及君主的亲属，与此相同。

2.“官吏犯杖刑者，论如律。”这一条源自梁律。他主张将官员犯某罪杖多少笞多少，制成法律条文，官吏不准用罚俸、贬官代替笞杖，必须实杖实笞。他指出，自秦始皇统一中国后，“民无贵贱矣”，礼可下庶人，刑也要上大夫。要废笞杖，则官民同废；如要保留，就不能“独用于民，不用于吏”；官民都要同笞同杖。

四是抑富人。其法有二：

1.商贾皆殊其服。这一条来自晋令。商人“著巾”，额上写明住所、姓名，一脚穿白鞋，一脚穿黑鞋，以便区别身份，使“兼并者，不得出位而与政治；在官者，亦羞与商人为伍”。他认为中国的国情是“贵平均、恶专利、重道艺、轻贪冒”。商人喜专利，爱贪冒，因此应该抑制。国家不能没有商人，但商是末，农、工才是本。所以立法时，晋令仍然可以效法。

2.常人有罪不得赎。晋律规定：“常人有罪不得赎”，仅老人、小孩、残废人、妇女犯罪准予收赎。官吏犯罪不得收赎，立法之意在“惧贫民独死而富人独生”。但晋朝收赎费太高，往往不能达到立法的目的。后世收赎费虽然很少，但收赎范围扩大，“滥及官吏”，官吏犯罪也允许收赎，一改晋律立法之意。他认为:收赎之法仍然可行,但赎罪范围应按晋律,收取赎费则应按照后代之法。

第二节 未来民国的法治方案

章太炎是“中华民国”一词的发明者和解说者,早在辛亥革命前,章太炎就著文解说“中华民国”一词。他主张民主共和,坚决反对君主专制制度。但他的“中华民国”,不是西方的代议制民主共和国,而是一独具特色的民主共和国。

一、议院者,民之仇非民之友

章太炎反对君主专制,在他看来,只有国民才是国家的主人,统治者应该尽公仆保护人民之责,按照人民的意志治理国家。但是,专制统治者不是这样,他们以摧残屠杀人民为快,是“群盗之尤无赖者”①。他号召大家奋力推翻清朝贵族统治,推翻专制制度,建立由人民当家做主的“中华民国”。他认为这是时势之必然:“在今之世,则合众共和为不可已”,“以合众共和结人心者,事成之后,必为民主”②。

章太炎的反专制和反清有紧密联系。他认为,清王朝“非我

① 章炳麟著,汤志钧编:《章太炎政论选集(上册)·驳革命驳议》,中华书局,1977年,第229页。

② 章炳麟:《章太炎全集(四)·文录卷二·驳康有为论革命书》,上海人民出版社,1985年,第180页。

族类，不能变法当革，能变法亦当革；不能救民当革，能救民亦当革”[1]，甚至认为，革命就是“光复”。他和蔡元培、陶成章等组织的“光复会”，宗旨就是“光复中国之种族(汉族)”、“光复中国之州郡”、“光复中国之政权”，以“革命”之名，行“光复”之实。[2] 在《正仇满论》、《定复仇之是非》等文章及演说中，为了激发汉族人民反对满族的情感，“扬州十日”、“嘉定三屠”之类的言论随处可见。这种“仇满”、“排满”的大汉族主义言论，虽然是他的思想糟粕，但他同时又强调他的反清排满，仅仅“排其皇室”、“排其官吏”、“排其士卒”[3]，并不“屠夷满族，使无孑遗”或“奴视满人不与齐民齿叙”。一旦倾覆清政府，满族人民和汉族人民一样，“农商之业，任所欲为；选举之权，一切平等”[4]。在他看来，排满就意味着反对君主专制。他说：“排满洲即排强种矣，排清主即排王权矣。”[5]其次，他的“排满”思想中，更包含反帝内容。他认为“西人之祸吾族，其酷烈千万倍于满洲”。他强烈反对外国侵略者强迫中国签订的各种不平等条约以及强迫中国接受的领事裁判权，尤其痛恨清政府处理涉外案件的立场。他指出，清政府投降卖国，所以为了反帝以维护民族独立就必须反清。

章太炎反对专制，主张共和，认为共和政体是所有政体中祸

---

① 章炳麟著，汤志钧编：《章太炎政论选集(上册)·狱中答新闻报》，中华书局，1977年，第233页。

② 章炳麟著，汤志钧编：《章太炎政论选集(上册)·革命之道德》，中华书局，1977年，第309页。

③ 章炳麟：《章太炎全集(四)·别录卷一·排满平议》，上海人民出版社，1985年，第269页。

④ 章炳麟著，汤志钧编：《章太炎政论选集(上册)·致留日满洲学生书》，中华书局，1977年，第520页。

⑤ 章炳麟：《章太炎全集(四)·别录卷一·复仇是非论》，上海人民出版社，1985年，第274页。

害最轻的政体，但是他同时也反对西方的代议制，反对建立在代议制之上的君主立宪和民主立宪，并为此而专门撰写《代议然否论》长文[①]。民主立宪是西方现代国家的标志。行政、立法、司法三权分立，是民主宪政的基石。没有议会的宪政民主国是难以思议的民主国。但是，他却为这种民主国做了一个详细的论证。他反对代议制的理由主要有三点：

第一，代议乃封建遗制，不适合平等社会。他把能否"伸民权"作为评价政体好坏的标准。"代议政体非能伸民权，而适堙郁之。"不行代议，只有政府与公民两个等级；行代议则议院横于政府和公民之间，政府多了一个"牵掣者"，公民多了一个"抑制者"。因此，他认为代议政体实际上是封建制的变相。君主国行代议，议院中"上必有贵族院，下必审谛户口、土田、钱币之数，至纤至悉，非承封建末流弗能"。[②] 民主国行代议，"虽代以元老，蜕化而形犹在"，仍然是封建之变种。所以不论君主、民主，代议制在中国都不能用。"君主之国有代议，则贵贱不相齿；民主之国行代议，则贫富不相齿。"就法律而言，"凡法自上定者，偏于拥护政府；凡法自下定者，偏于拥护富民"。"议院尸其法律，求垄断者，惟恐不周，况肯以土田平均相配？"[③]也就是说，议会所立之法根本不会考虑平民利益。

第二，代议政体不适合中国国情。章氏认为，代议制西方可行，日本可行，中国则不可行，因其不合中国国情。他的理由有

① 章炳麟：《章太炎全集(四)·别录卷一·代议然否论》，上海人民出版社，1985年，第300—311页。

② 章炳麟：《章太炎全集(四)·文录卷二·与马良书》，上海人民出版社，1985年，第185页。

③ 章炳麟：《章太炎全集(四)·别录卷一·代议然否论》，上海人民出版社，1985年，第305页。

二。其一是欧美、特别是日本距封建近，中国距封建远。“去封建远者，民皆平等，去封建近者，民有贵族黎庶之分。”欧美和日本从封建下解脱出来，更立宪政，即使很不理想，也能接受。中国已经统一了数千年，“秩级已弛”(指贵族制已弛)，人民早已“平等”，“名曰专制，其实放任也”。西方有些学者就常说中国人是最自由之人。既有自由，现在却把一个议院横插进来，所选议士又多是“废官豪民”①，这是抑民权，而非伸民权。据此，他认为，与其效法西方立宪，“使民有贵族黎庶之分”，还不如“王者一人柄权于上”。其二是，中国地广人众，无法行代议。仅就选举而言，代议就不可行。若搞通选，中国地广，二千四百万平方里，州县一千四百，人口四万万二千万有余。如仿日本十三万人选一议员，则中国当选议员三千二百人。这么多的议员，根本无法讨论政事。“列国议员无有过七百人者”，中国以此为限，则六十万人才能选一人。“数愈阔疏，则众所周知者愈在土豪”，“是选举法行，则上品无寒门，而下品无膏粱，名曰国会，实为奸府，徒为有力者傅其羽翼”，老百姓却一无所得。限选也一样行不通，如果以识字为标准，那么中国十人中只有三人识字，便有七人无选举权。如以纳税为标准，由于贫富不均，选举权就会集中到富庶的东南江浙一带。而革命党人大多因“游异国，不治生产，虽素知法律，并略有政见，却反无尺寸选举之柄”，也将被排斥于选举之外。分析了各种选举办法之后，他得出结论说：“是故通选亦失，限选亦失，单选亦失，复选亦失，进之则所选必在豪右，退之则选权堕于一偏。要之，代议政体必不如专制为善。满洲行

① 章炳麟：《章太炎全集(四)·文录卷二·与马良书》，上海人民出版社，1985年，第185页。

之非，汉人行之亦非；君主行之非，民主行之亦非。上天下地，日月所临，遗此尘芥腐朽之政，以毒黎庶”①，中国决不能行代议。

第三，议员不能代表民意。章太炎反对君主专制，要求以民选大总统代替君主，但又不同意设代议士。在他看来，“置大总统则公，举代议士则戾”。议员不能代表民意。他解释说，选举之目的在“伸民权，宣民志”。“总统之选”，废官豪右无法把持，被选者往往有功有才有德。议员则不然，可以权势及其他种种手段获选。竞选时许诺选民，当选后置选民之意于不顾。“选人一朝登王路，坐而论道，惟以发抒党见为期，不以发抒民意为期，乃及工商诸政，则未有不徇私自环者。欧洲诸国中选者，亦有社会民主党矣。要之，豪右据其多数，众寡不当则不胜，故议院者，民之仇非民之友。”②更有甚者，成为议员后，“有私罪，不得举告，其尊与帝国之君相似”，俨然“议皇”。中国“不欲有一政皇，况欲有数十百议皇耶？”③

通过上述几方面的分析，章太炎坚决反对代议制。但他反对代议制又不同于顽固派和洋务派。因为他并不因而否定民主共和，只是想在代议制之外，根据中国国情，改弦更张，另起炉灶，建立一个较少祸害的共和政制。他的具体办法就是“分四权”与“置四法”。

---

① 章炳麟：《章太炎全集（四）·别录卷一·代议然否论》，上海人民出版社，1985年，第304页。

② 章炳麟：《章太炎全集（四）·别录卷一·代议然否论》，上海人民出版社，1985年，第309—310页。

③ 章炳麟：《章太炎全集（四）·别录卷一·代议然否论》，上海人民出版社，1985年，第306页。

二、“分四权”与“置四法”

在批判代议制度的同时，章太炎对民国的政制法律曾有一个设想。这个设想用他的话说，就是：

总统惟主行政国防，于外交则为代表，他无得与，所以明分局也。司法不为元首陪属，其长官与总统敌体，官府之处分、吏民之狱讼皆主之，虽总统有罪，得逮治罢黜，所以防比周也。学校者，使人知识精明、道行坚厉，不当隶政府，惟小学校与海陆军学校属之，其他学校皆独立，长官与总统敌体，所以使民智发越、毋枉执事也。凡制法律，不自政府定之，不自豪右定之，令明习法律者，与通达历史、周知民间利病之士，参伍定之，所以塞附上附下之渐也。法律既定，总统无得改，百官有司毋得违越。有不守者，人人得诉于法吏，法吏逮而治之，所以戒奸纪也。

总统任官，以停年格迁举之，有劳则准则例而超除之，他不得用，官有专门者，毋得更调，不使元首以所好用人也。在官者，非有过失，罪状为法吏所报当者，总统不得以意降调，不使元首以所恶黜人也。凡事有总统亲裁者，必与国务官共署而行之，有过则共任之，不使过归于下也。总统与百官行政有过，及溺职受贿诸罪，人人得诉于法吏，法吏征之逮之而治之，所以正过举、塞官邪也。

轻谋反之罪，使民不束缚于上也；重谋叛之罪，使民不携贰于国也。有割地卖国诸罪，无公布私行皆殊死，不与寻常过举官邪同也。司法枉桡，其长得治之；长不治，民得请于学官，集法学者共治之，所以牵独断也。

凡经费出入，政府岁下其数于民，所以止奸欺也。凡因事加税者，先令地方官各询其民，民可则行之，否则止之，不以少数制多数也。数处可否相错者，各视其处而行止之，不以多数制少数也。

民无罪者，无得逮捕，有则得诉于法吏而治之，所以遏暴滥也。民平时无得举代议士，有外交宣战诸急务，临时得遣人与政府抗议，率县一人，议既定，政府毋得自擅，所以急祸难也。

民有集会、言论、出版诸事，除劝告外叛、宣说淫秽者，一切无得解散禁止，有则得诉于法吏而治之，所以宣民意也。凡是皆所以抑官吏、伸齐民也。

政府造币，惟得用金、银、铜，不得用纸，所以绝虚伪也。凡造币，不得以倍现有之钱者等于一钱，不使钱轻而物益重，中人以下皆破产也。

轻盗贼之罪，不厚为富人报贫者也。案治盗贼，不当刻定臧数以论罪之轻重，当计失主所有财产而为之率。譬如家有百万金者，取二十万金犹无害；家有十金者，取三金则病甚。其为害于人有轻重，故罪亦因之为轻重，不当刻定铢两以计罪。亦犹伤人者，毁婴儿一肢，与毁大人一肢同罪，或且加重，不以肉之重量面积计罪也。

限袭产之数，不使富者子孙蹑前功以坐大也。田不自耕植者不得有，牧不自驱策者不得有，山林场圃不自树艺者不得有，盐田池井不自煮暴者不得有，旷土不建筑穿治者不得有，不使枭雄拥地以自殖也。

官设工场，辜较其所成之直，四分之以为饩廪，使役佣于商人者，穷则有所归也。

在官者身及父子皆不得兼营工商，托名于他人者，重其罪，藉其产；身及父子方营工商者，不得入官，不与其借政治以自利也。

凡是皆所以抑富强、振贫弱也。夫如是，则君权可制矣，民困可息矣，又奚数数然模效代议，惟恐或失为？①

辛亥革命后，他把上述设计归纳为分四权、置四法。其办法如下：

1. 分四权

四权，即上面所说的行政、立法、司法三权，再加上教育权。

辛亥革命后，他对四权又做了修正，并增加了纠察权。他在解释行政、教育、纠察三权时说：行政除大总统外，其他不由人民选举。大总统要限制其权，“以防民主专制之弊”②。甚至主张学法国，“使首辅秉权，而大总统处于空虚不用之地”③。

教育不应随内阁为进退，教育宗旨定后不宜常变，聘任教授必须看其是否具有专门学识，政府不得干涉。

建纠察院或督察院，由“骨鲠之人”④担任纠察，监督行政、立法两部。经过章太炎修正后的五权，基本与孙中山的五权相近。区别在于孙主考试独立，章主教育独立；孙的五权名为五权宪法，章则不冠“宪法”。此外，五权产生的方式方法也不尽相

① 章炳麟：《章太炎全集（四）·别录卷一·代议然否论》，上海人民出版社，1985年，第306—308页。

② 章炳麟著，汤志钧编：《章太炎政论选集（下册）·中华民国联合会第一次大会演说辞》，中华书局，1977年，第532页。

③ 章炳麟著，汤志钧编：《章太炎政论选集（下册）·与张謇论政书一》，中华书局，1977年，第540页。

④ 章炳麟著，汤志钧编：《章太炎政论选集（下册）·与张謇论政书一》，中华书局，1977年，第540页。

同,但两者都强调民权。

2.置四法

章太炎认为,为了弥补共和制的缺陷,除分四权外,还“当置四法以节制之”。四法是:

“一曰均配土田,使耕者不为佃奴。”[①]这一主张含有土地国有之意。章太炎主张耕者有其田,并力图把这个原则推广到畜牧、山林、盐井等行业。但后来他考虑到,“至若土地国有,夺富者之田以与贫民,则大悖乎理;照田价悉由国家收买,则又无此款,故绝对难行”,遂主张“限制田产”。[②]

“二曰官办工厂,使佣人得分赢利。”[③]兴办国有企业。

“三曰限制相续(继承),使富者不传子孙。”[④]“家主没后,所遗财产,以足资教养子弟及其终身衣食为限,余则收归国家”[⑤];后来又改为“凡家主没后,所遗财产,与其子弟者,当依所遗之数抽税”[⑥]。

“四曰公散议员,使政党不敢纳贿。”[⑦]章太炎对“公散议员”

---

① 章炳麟:《章太炎全集(四)·别录卷三·五无论》,上海人民出版社,1985年,第430页。

② 章炳麟著,汤志钧编:《章太炎政论选集(下册)·中华民国联合会第一次大会演说辞》,中华书局,1977年,第533页。

③ 章炳麟:《章太炎全集(四)·别录卷三·五无论》,上海人民出版社,1985年,第430页。

④ 章炳麟:《章太炎全集(四)·别录卷三·五无论》,上海人民出版社,1985年,第430页。

⑤ 章炳麟著,汤志钧编:《章太炎政论选集(下册)·中华民国联合会第一次大会演说辞》,中华书局,1977年,第533页。

⑥ 章炳麟著,汤志钧编:《章太炎政论选集(下册)·中华民国联合会第一次大会演说辞》,中华书局,1977年,第533页。

⑦ 章炳麟:《章太炎全集(四)·别录卷三·五无论》,上海人民出版社,1985年,第430—431页。

有一基本观点，即议员“大抵出于豪右，名为代表人民，其实依附政党，与官吏相朋比，挟持门户之见，则所计不在民生利病，惟便于私党所为”。所以他说：“议院者，受贿之奸府；富民者，盗国之渠魁”[①]，要求给人民以解散议院之权。

章太炎的分四权置四法，旨在“抑强辅微”、“抑官伸民”、“抑富振贫”，防止贫富悬殊和防止官僚资本垄断国计民生。与孙中山的“平均地权”、“节制资本”基本相通。虽然有不少不合时代要求的落后成分，但其中的一些见解很独到也很深刻。例如，他的轻谋反罪的主张、限制官商勾结的主张等，直到今天仍有价值。他自己也很看重他的这些主张，用他的话说，叫做“君权可制矣，民困可息矣”[②]。

第三节　中华民国成立后的法治方案

“革命军兴，革命党消”是武昌起义爆发后，章太炎提出的口号。不管是南京临时政府，还是袁世凯北京政府，他的法治方案根本就无法实际操作。他的思想和方案不得不变。特别在代议制上，他不得不面对现实。他自己也说过：“吾前在日本，逆知代议制度不适于中土；其后归国，竟噤口不言者，盖以众人所咻，契约已定，非一人所能改革。且国会再被解散，言之惧为北方官僚

① 章炳麟：《章太炎全集(四)·别录卷三·五无论》，上海人民出版社，1985年，第431页。

② 章炳麟：《章太炎全集(四)·别录卷一·代议然否论》，上海人民出版社，1985年，第308页。

张目，故长此默尔而已。”①

1911年12月1日，他刚回国，就发表宣言：“逮北廷既覆以后，建设真正共和政府，然后与议员以大权，未晚也。”②请注意，他在这个宣言里使用“议员”两字，说明他已同意设议员。

1912年1月3日，他的《中华民国联会第一次大会演说辞》，比较系统地阐述了他为民国设计的法治方案：

> 中国本因旧之国，非新辟之国，其良法美俗，应保存者，则存留之，不能事事更张也。……惟置大总统，限制其权，以防民主专制之弊，宜与法之制度稍近。至行政官，除大总统外，不由人民选举。行政部应对议院负完全责任，不宜如美之极端分权。对于外藩，仍应行统属主义，俟言语生业同化后，得与本部政权平等。三权分立之说，现今颇成为各国定制，然吾国于三权而外，并应将教育、纠察二权独立。盖教育与他之行政，关系甚少，且教育宗旨定后，不宜常变，而任教授者，又须专门知识，故不应随内阁为进退。纠察院自大总统、议院以至齐民，皆能弹劾，故不宜任大总统随意更换。③

民生问题，基本仍是前述置四法：

---

① 章炳麟著，汤志钧编：《章太炎政论选集(下册)·与章行严论改革国会书》，中华书局，1977年，第788页。

② 章炳麟著，汤志钧编：《章太炎政论选集(下册)·宣言三》，中华书局，1977年，第527页。

③ 章炳麟著，汤志钧编：《章太炎政论选集(下册)·中华民国联合会第一次大会演说辞》，中华书局，1977年，第532—533页。

惟国家社会主义，仍应仿行，其法如何？一、限制田产，然不能虚设定数，俟查明现有田产之最高额者，即举此为限。[①] 二、行累进税，对于农工商业皆然。三、限制财产相续，凡家主没后，所遗财产，以足资教养子女及其终身衣食为限，余则收归国家。[②] 至若土地国有，夺富者之田以与贫民，则大悖乎理；照田价而悉由国家买收，则又无此款，故绝对难行。[③]

此外，中国旧有之美俗良法宜斟酌保存者：

一、婚姻制度宜仍旧，惟早婚则应禁。其纳妾一事，于国民经济，个人行为，诸多妨害，如家产之不发达，行为之多乖谬，由此事耗费之者，十居七八焉。昔日官吏犹然，故将来应悬为禁令。如官吏议员今已有妾者[④]，即应免职撤销。[⑤]

二、家族制度宜仍旧。如均分支子、惩治恶逆、严科内乱，均不可改。惟死后继嗣，似宜禁断，生前养子者不禁。

三、中国本无国教，不应认何教为国教，虽许信教自由，

---

① 按：土地改革。但依最高额者为限，无地之人怎么办？

② 按：《太炎最近文录》作："三、认遗产相续税。凡家主没后，所遗财产，与其子弟者，当依其所遗之数抽税。"

③ 章炳麟著，汤志钧编：《章太炎政论选集（下册）·中华民国联合会第一次大会演说辞》，中华书局，1977年，第533页。

④ 按：《太炎最近文录》作："再有纳妾者。"

⑤ 章炳麟著，汤志钧编：《章太炎政论选集（下册）·中华民国联合会第一次大会演说辞》，中华书局，1977年，第534页。按：制度仍旧，刊登广告征婚是旧是新？纳妾应禁，袁大总统那么多妾，为什么还要挺他当大总统呢？自己也有妾，为什么要做筹边使？可悲的近代中国先知先觉者。

然如白莲、无为等教①,应由学部检定教理,方予公行。政教分离,中国旧俗,其僧侣及宣教师,不许入官,不得有选举权。

四、本国人在本国境内入外国籍者,虽不必照旧律谋叛惩治,仍应禁断。惟自来流寓在外者,不在此例,仍需削除国籍。如以后华侨再有入外籍者,非先由政府允许不可。

五、承认公民不依财产纳税多额,而以识字为标准,庶免文盲与选,而有智识之寒畯,反至向隅。

六、速谋语言统一,文字不得用拼音,妄效西文,而使人昧于其义也。

七、赌博启人侥幸心而妨害恒业,应严禁。其竞马斗牛等亦然。

八、在公共场所,效外人接吻、跳舞者,男女杂沓,大坏风纪,应由警察禁止。②

1912 年 1 月 4 日,他批评英、美、法宪政说:

民主立宪、君主立宪、君主专制,此为政体高下之分,而非政事美恶之别。专制非无良规,共和非无秕政。我中华民国所望于共和者,在元首不世及,人民无贵贱,……非欲尽效法兰西、美利坚之治也。议院之权过高,则受贿鬻言,莫可禁制;联邦之形既建,故布政施法,多不整齐。臧吏遍于市朝,土豪恣其兼并,美之弊政,既如此矣;法人稍能统

① 按:《太炎最近文录》此处有"仍应禁止"四字。

② 章炳麟著,汤志钧编:《章太炎政论选集(下册)·中华民国联合会第一次大会演说辞》,中华书局,1977 年,第 534—535 页。

一，而根本过误，在一意主自由。……其政虽齐，无救于亡国灭种之兆。①

他显然不理解西方国家的分权，更不理解西方国家的权力制衡。这种批评与孙中山对英美宪法的评价，可以说有异曲同工之妙。

他认为：“政治法律，皆依习惯而成，是以圣人辅万物之自然而不敢为，其要在去甚、去奢、去泰。若横取他国已行之法，强施此土，斯非大愚不灵者弗为。君主立宪，本起于英，其后他国效之，形式虽同，中坚自异；民主立宪，起于法，昌于美，中国当继起为第三种，宁能一意刻划，施不可行之术于域中耶？”②

他认为：“君主世及之制既亡，大总统遂为相争之的，不速限制，又与专制不殊。惟有取则法人，使首辅秉权，而大总统处于空虚不用之地。然今日人情偏党，省界亦深，政党未成，一人秉钧，其乡人又连茹而至，草创之初，诚无善术矣。法美两制，皆不适于中区。鄙意都察院必当特建，以处骨鲠之人，而监督行政、立法两部。至于考选黜陟，仍于总理之下，设局为宜。惟学校必当独立，其旁设教育会，专议学务，非与财政相关者，并不令议员容喙，庶几政学分涂，不以横舍为献谀之地。”③

他反复强调，“议员者，其实非民之代表也，不受僦费于民，

① 章炳麟著，汤志钧编：《章太炎政论选集（下册）·大共和日报发刊辞》，中华书局，1977年，第537页。

② 章炳麟著，汤志钧编：《章太炎政论选集（下册）·大共和日报发刊辞》，中华书局，1977年，第537—538页。

③ 章炳麟著，汤志钧编：《章太炎政论选集（下册）·与张謇论政书一》，中华书局，1977年，第540页。

而受月俸于政府，此特民选之议郎耳，犹官吏属也”①。

1912 年 9 月，他的《新纪元星期报发刊辞》再次阐述说：“夫制大法者，当察于历史，不在法理悬谈；求民情者，当顺于编氓，不在豪家荡子。余向者提倡革命，而不满于代议。以为代议之制，满人行之非，汉人行之亦非；君主行之非，民主行之亦非。是时所痛心疾首者，盖在君主立宪。至于今，幸而小成，君主世及之制已移，独立宪未能拨去。末流狂醉，崇贵虚华，不悟外人所讥专制者，皆有神权贵族把握其间，以为国蠹，而中国唐、宋、明盛时，其专制固绝异是，比例悬殊，不得引以拟议。清之失政，在乎官常废弛，方镇秉权，则适与专制相反，……矫清之弊，乃在综核名实，信赏必罚，虽负虿尾之谤可也；若制宪法以为缘饰，选议员以为民仪，上者启拘文牵义之渐，下者开奔竞贿赂之门，……然则议员之为民贼，而宪政之当粪除，于今可验，吾言亦甚信矣。”元首由选举产生，“故余以为官制刑书，粲然布列，则宪法可以无作，……宪法者出于国会，国会者决于多数，彼其自谋权利至矣，胡肯降心以相从哉！”②继续反对议员宪法。他指出，“中国之有政党，害有百端，利无毛末”，“夫政党本为议院预备，而议院即为众恶之原”。③“光复以来，号称平等，而得志者，惟在巨豪、无赖。人民无告，转甚于前，茹苦含辛，若在囹圄。”④

---

① 章炳麟著，汤志钧编：《章太炎政论选集（下册）·参议员论》，中华书局，1977 年，第 572 页。

② 章炳麟著，汤志钧编：《章太炎政论选集（下册）·新纪元星期报发刊辞》，中华书局，1977 年，第 624—625 页。

③ 章炳麟著，汤志钧编：《章太炎政论选集（下册）·与副总统论政党》，中华书局，1977 年，第 648 页。

④ 章炳麟著，汤志钧编：《章太炎政论选集（下册）·统一党独立宣言书》，中华书局，1977 年，第 595 页。

以上即为章氏民国成立时的法治方案。这个时期，他拥袁反孙，把希望寄托在袁世凯身上。但是，他找错了对象。袁世凯是乱世枭雄，他要的是“和尚打伞，无法无天”，最不喜欢受法律的约束和限制。连《中华民国临时约法》这样的限制他都不能接受。革命大文豪章太炎让他做有名无实的大总统，显然是痴人说梦。袁世凯不仅要做集权大总统，要做终身专制总统，最后还要做洪宪皇帝。现实残酷，理想破灭。上当受骗的大文豪无路可走。愤怒之下，他毅然决然手执羽毛扇，大闹新华门。袁皇帝无可奈何，只好将他哄上车，送往龙泉寺，软禁起来，免其再闹。

第四节 军阀割据下的法治

袁世凯死了，他的人身自由恢复了。但是，全国的政治重心也没有了。北方军阀天天打仗抢地盘，北京政府听由有势力的军阀摆布。南方广州护法，也是军阀角力。章氏南下，再度与孙中山合作。但是，他没有与孙中山合作建党，走党治之路，而是联省自治。他是当时联省自治的有力鼓吹者。

1920 年 11 月 9 日，他发表《联省自治虚置政府议》，正式提出他的联省自治主张。他认为：“民国成立以来，九年三乱。”为什么会这样呢？原因就是中央权力太大、太集中：“然近世所以致乱者，皆由中央政府权藉过高，致总统、总理二职为夸者所必争，而得此者，又率归于军阀。攘夺一生，内变旋作，祸始京邑，鱼烂及于四方。非不预置国会,以相监察,以卵触石,徒自碎耳。”①军阀争夺中央权力,是内乱外患的根源。面对这种现状,他的药方是两味:各省自治和虚置中央。

在各省自治上,他说,“今所最痛心者,莫如中央集权,借款卖国,驻防贪横,浚民以生,自非各省自治,则必沦胥以尽”。②具体做法是:“自今以后,各省人民,宜自制省宪法,文武大吏,以及地方军队,并以本省人充之;自县知事以至省长,悉由人民直选;督军则由营长以上各级军官会推。令省长处省城,而督军居要塞,分地而处,则军民两政,自不相牵。其有跨越兼圻,称巡阅使,或联军总司令者,斯皆割据之端,亟宜划去。此各省自治之大略也。”③

其次是中央,“欲为中国弭乱,则必有大改革焉。所改革者云何?曰约法天坛宪法亦同、国会、总统是。约法偏于集权,国会倾于势力(按:原作“国会起于贿买”),总统等于帝王,引起战争,无如此三蠹者。三蠹不除,中国不可一日安也”。④

具体做法是:“虚置中央政府,但令有颁给勋章、授予军官之权;其余一切,毋得自擅。军政则分于各省督军,中央不得有一兵一骑。外交条约则由各该省督军省长副署,然后有效。币制银行,则由各省委托中央,而监督造币,成色审核、银行发券之

① 章炳麟著,汤志钧编:《章太炎政论选集(下册)·联省自治虚置政府议》,中华书局,1977年,第752页。

② 章炳麟著,汤志钧编:《章太炎政论选集(下册)·各省自治共保全国领土说》,中华书局,1977年,第755页。

③ 章炳麟著,汤志钧编:《章太炎政论选集(下册)·联省自治虚置政府议》,中华书局,1977年,第752页。

④ 章炳麟著,汤志钧编:《章太炎政论选集(下册)·弥乱在去三蠹说》,中华书局,1977年,第756页。

权，犹在各省。如是，政府虽存，等于虚牝，自无争位攘权之事。联省各派参事一人，足资监察，而国会亦可不设，则内乱庶其弭矣。”①

袁世凯称帝后，辛亥革命前就已与孙中山分裂的章太炎，终于再次合作。袁死后他南下广州就职，就是这种合作的表现。但是，两人的理念始终不合。孙中山以俄为师，最终导致中国走上党治之路。章氏鼓吹各省自治、联省自治，真诚爱国，用意良苦。但是，极易为地方军阀割据所用。因此，几年时间，便烟消云散。

通体来看，章太炎先生的法治思想充满着矛盾，在近代中国法治探索者中别具一格。这与其所处的时代及其自身知识背景、人生阅历有密切的关系。

鲁迅是章太炎的学生，他对他这位老师的评价是“有学问的革命家”。这个评价很到位。他确实是一位深受中国传统文化的影响、从旧营垒中杀出来的思想家、革命家。在辛亥革命时期，政治上，康有为、梁启超主张改良，他主革命；学术上，康梁习今文经学，他则习古文经学。无论是政治还是学术，双方都形同水火。但是康梁很怕他，不与他正面辩论。《驳康有为论革命书》如行云流水，震动人心。“拨乱反正，不在天命之有无，而在人力之难易。”②“公理之未明，即以革命明之；旧俗之俱在，即以

① 章炳麟著，汤志钧编：《章太炎政论选集（下册）·联省自治虚置政府议》，中华书局，1977年，第752—753页。

② 章炳麟：《章太炎全集（四）·文录卷二·驳康有为论革命书》，上海人民出版社，1985年，第179页。

革命去之。革命非天雄、大黄之猛剂,而实补泻兼备之良药矣!”[1]直到现在,读这些文字,还觉得虎虎生威,仿佛身处千军万马之间。所以鲁迅说读他这个时期的文章“令人神往”。我们看不到康有为的答复,可能也是无法回答。二十年代,胡适对梁提出一点批评,梁在北大批胡三天。但是,对于章太炎的批评,没有看到梁的反驳。这就是有学问的革命家章太炎。对章太炎的学问源流,李泽厚认为,他“最初持论不出《通典》、《通考》、《资治通鉴》诸书,归宿则在孙卿韩非。后来又以佛学唯识宗为主,企图将道、儒、法和西方哲学等等熔为一炉”[2]。并认为“在如此庞杂繁多的议论和思想变化的过程中,当然会有极多的先后出入和自相矛盾。一生针对那么多的问题,发了那么多的议论,又接受吸取那么多的学派思想的影响,如果其思想、主张、言论、行为以及政治态度等等没有矛盾变化,倒是非常奇怪的事了”[3]。

作为思想家、革命家,章太炎的思想确实充满矛盾。他具备传统的“士可杀不可辱”的大无畏担当精神,认定方向便百折不回。谢本师、断发绝交、苏报案、日本官方封民报、拥孙反孙,拥袁反袁,到晚年反蒋抗日,无不是这种精神的鲜明体现。鲁迅“横眉冷对千夫指”,可能是受他这种性格的影响。但是,他是有学问的革命家。因为有学问,所以他比其他人看得多、看得深、看得远、看得更全面,因而对中国的未来满腹疑虑困惑。他的法治方案就是这种疑虑困惑的产物。这是时代的疑虑困惑在他身上的反映。他处在国家民族危亡、社会前所未有的大转型时代。

---

① 章炳麟:《章太炎全集(四)·文录卷二·驳康有为论革命书》,上海人民出版社,1985年,第181页。

② 李泽厚:《中国近代思想史论》,人民出版社,1979年,第388页。

③ 李泽厚:《中国近代思想史论》,人民出版社,1979年,第389页。

国家民族危亡，是因为外国帝国主义的侵略：“至于帝国主义，则寝食不忘者，常在劫杀。虽磨牙吮血，赤地千里，而以为义所当然。”①之所以会遭受侵略，是因为专制帝制。专制帝制的顶端是清朝皇帝。所以他反清、反专制帝制、反外国侵略，希望用民主共和取代专制帝制。民主共和的标志是代议政治。代议政治在当时的西方国家就已腐朽没落。他看得很清楚，所以他力批代议。在当时的思想家、革命家中，孙中山和他一样看到代议政治的弊病，这是他创五权宪法的原因。孙中山对代议有批判，但是没有章太炎那样的深度。这正是他的分权模式与孙中山五权宪法相接近的原因。但是，时人因孙中山的五权无法操作而不能接受，他的四权、五权因为更无法操作，也就更无人过问了。

萧公权把章太炎的政治思想总结为三大端：民族、民权和个人主义。民权思想方面，章太炎认定凡政府皆罪恶。但人类又不能没有政府，因此只能选择祸害最小的没有代议的共和政体。从前面的分析可以看出，他反代议，也反皇权专制，而不反民权共和。代议之外更好更完善的民权制度是分四权、宣民意、置四法实行法治。实行法治是他的民权思想的最大特点。但是，他对西方法治有重大误解，实际上他不清楚中西法治的区别何在。他强烈主张“专以法律为治”，认为专制共和，皆以任法而成，皆以不任法而败。共和而不守法，其弊不下于专制。这些见解都很深刻、很独到。但是，他没有论证专制共和所任之法、所守之法的质的差别性——专制所任、所守之法是黄宗羲所说的“一家之法”、“非法之法”②，沈家本也早已认识到商韩法治是“专制之

---

① 章炳麟：《章太炎全集（四）·别录卷三·五无论》，上海人民出版社，1985年，第438页。

② 他对黄宗羲也有重大误解，曾专门写《非黄》批评黄宗羲。

尤”。同时他也更不明白，不守法不任法的民权共和，不是真民权共和，而是假民权共和。这是他的法治思想和制度设计的致命伤。

这不仅是他一个人的致命伤，从更大的视野看，也是现代中国法治的致命伤，是转型中国制度演变的必然。民主法治的建立需要长时间的打造。专制法治不可能因为武昌起义的一声枪响而变为民主法治。我个人认为，这是章太炎“专以法律为治”的法治赖以产生的真正原因，也是帝国倒塌、民国建立而没有出现民主法治的根本原因。

孙中山:从民主法治走向党治

在清末法律改革如火如荼进行的同时,以孙中山先生为代表的革命派势力也逐渐壮大起来。改造古老的中国,把中世纪的中国建设成为现代化法治国家,是孙中山毕生追求并为之奋斗的事业。孙中山是当时最具现代意识的领袖和思想家,是现代民主法治的最早追求者。但是,在民国初年的特定环境中,他由这种法治的追求者变为党治的倡导者。他倡导的这种"党治",也不是西方多党政治下的"党治",而是苏俄式的党治。国民党掌控中央政权后,他的后继者将这种党治,诠释成"一切权力,皆由党集中,由党发施","党外无党,党内无派"的"一党专政"的集权党治。

第一节　民主法治的追求者

孙中山先生少年时代便接受西方教育。早在1897年春夏之间,他就在英伦《东亚》杂志上发表题为《中国的司法改革》的专论。这是近代中国第一篇用西方资产阶级法学理论评价专制法律的专篇。在这篇专论中,作为先进中国人的代表,孙中山第一次发出了将中国传统法律改造为近代法律的时代先声。

在这篇专论之开篇，他即提出一个重要命题："在当今的中国，公共生活中也许没有一个方面比司法制度（如果它能称得上制度的话）更急需进行彻底的改革。"①这种制度下的中国司法，没有公平，没有正义，对任何阶级都不实行"依法审判"②。"人民没有发言权。无论如何不公，如何残暴，在这里是无从申诉的……"③，因此号召民众推翻专制统治，废除玷污世界和污辱共同人性的专制法律。

孙中山先生是传统法治的敌人，他说，"以礼治国，则国必昌；以法治国，则国必亡。征之往古，卫鞅治秦，张汤治汉，莫不以尚法而致弱国败身，然则苛法之流毒甚矣哉"④。要避免这种传统的"苛法"之"治"，是需要现代法治，是需要一般人民先知法而后能守法。⑤ 他是中国近代史上（也是中国历史上）第一个颠倒封建"体""用"关系的思想家。他第一次明确指出："夫法律

---

① 孙逸仙、埃德温·柯林斯合著，余霞译：《中国的司法改革》，载《近代史研究》1984年第2期，第1—10页。

② 参见孙中山著，陈旭麓、郝盛潮主编：《孙中山集外集·第一次广州革命的起源》，上海人民出版社，1990年，第4页。

③ 孙中山著，广东省社会科学院历史研究室等编：《孙中山全集（第一卷）·在旧金山的演说》，中华书局，1981年，第240页。

④ 孙中山著，中山大学历史系孙中山研究室等编：《孙中山全集（第八卷）·周东白辑〈全国律师民刑新诉状汇览〉序言》，中华书局，1986年，第355页。

⑤ 他是这样论述的："虽然，立国于大地，不可无法也，立国于二十世纪文明竞进之秋，尤不可以无法，所以障人权，亦所以遏邪辟。法治国之善者，可以绝寇贼，息讼争，西洋史载，班班可考，无他，人民知法之尊严庄重，而能终身以之耳。我国人民号称四百兆，向有知法者乎？恐百不得一也。不知法而责之以守法，是犹强盲人以辨歧路，责童　以守礼仪，可乎哉？"（出处同上注）。

者,治之体也。权势者,治之用也。体用相因,不相判也。”[①]权势,即国家政权。在国家政权和法律的关系中,如此明确地把法律作为治国之“体”,把政权作为治国之“用”者,古往今来,惟先生一人而已。因此,他的这个命题堪称“破天荒”之举。

在这个命题中,孙中山明确指出法律和政权两者的不可分离性。法治,就是法律与权势的统一。因法律而生权势,恃权势以维护法律。强别法律、权势为二事,必致权势奸淫法律,法不为法,国无以存。

> 国家之治安,惟系于法律。法律一失其效力,则所尚专在势力;势力大者,虽横行一世而无碍;势力少者,则惟有终日匍匐于强者脚下,而不得全其生。则强暴专国,公理灭绝,其国内多数人,日在恐惶中,不独不足以对外,且必革命迭起,杀戮日猛,平时不能治安,外力乘之,必至亡国。[②]

在护法战争中,孙中山先生曾多次发挥他的法治体用论,并把他作为发动护法战争的理论根据。他指出:“共和之根本在法律,而法律之命脉在国会。”[③]反复强调,“国于天地,必有与立。民主政治赖以维系不弊者,其根本在于法律,而机枢在于国会。必举国有共同遵守之大法,斯政治之举措有常轨;必国会能自由行使其职权,斯法律之效力能永固。所谓民治,所谓法治,其大

① 孙中山著,广东省社会科学院历史研究室等编:《孙中山全集(第一卷)·驳保皇书》,中华书局,1981年,第236页。

② 孙中山著,陈旭麓、郝盛潮主编:《孙中山集外集·与戊午通信社记者的谈话》,上海人民出版社,1990年,第234页。

③ 孙中山著,中国社会科学院近代史研究所中华民国史研究室等编:《孙中山全集(第四卷)·通告驻华各国公使书》,中华书局,1985年,第448页。

本要皆在此”[①]。而在正式宪法产生之前,《中华民国临时约法》具有宪法性质,因此,破坏约法,解散国会,为国人所不容,这就是他发动护法战争的原因。

孙中山先生是一位受过西方现代科学训练的民主革命家,他深知法律对一个国家生存、发展的重要作用,并对西方法治表现了极其浓厚的兴趣。他认为,“立国于大地,不可无法也。立国于20世纪文明竞进之秋,尤不可无法,所以障人权,亦所以遏邪辟。法治国之善者,可以绝寇贼、息讼争。西洋史载,斑斑可考。无他,人民知法之尊严庄重,而能终身以之耳”[②]。孙中山先生重视法律,认为法律是人事里头的一种机器。在诸种法律中,他又尤其重视宪法,认为“政治上的宪法就是支配人事的大机器,也是调和自由和专制的大机器”[③]。为什么这么说呢?因为宪法是“国家之构成法,亦即人民权利之保障书也”[④]。征之于中国史实,“四千年之帝制,易为民主,于是中华民国出现于世界,民国约法亦同时产生,此四万万人民公意之表示也”[⑤]。宪法在法律中的这种地位,决定了宪法在孙中山先生“法治”思想体系中的地位。

宪法是西方资产阶级革命的产物。西方资产阶级在推翻封

① 孙中山著,中国社会科学院近代史研究所中华民国史研究室等编:《孙中山全集(第四卷)·辞大元帅职临行通电》,中华书局,1985年,第480页。

② 孙中山著,中山大学历史系孙中山研究室等编:《孙中山全集(第八卷)·周东白辑〈全国律师民刑新诉状汇览〉序言》,中华书局,1986年,第355页。

③ 孙中山著,中山大学历史系孙中山研究室等编:《孙中山全集(第五卷)·在广东省教育会的演说》,中华书局,1985年,第508页。

④ 孙中山著,中山大学历史系孙中山研究室等编:《孙中山全集(第五卷)·〈中华民国宪法史前编〉序》,中华书局,1985年,第319页。

⑤ 孙中山著,中山大学历史系孙中山研究室等编:《孙中山全集(第五卷)·〈中华民国宪法史前编〉序》,中华书局,1985年,第319页。

建专制的过程中,发明了宪法,成功地建成了以宪法为核心的现代法治国家。西方国家的法治模式,受到孙中山先生的相当重视。他主张采用西法,“大小讼务,仿欧美之法,立陪审人员,许律师代理,务为平允,不以残刑致死,不以拷打取供”[①]。辛亥革命后,他更加明确指出:“中国革命之目的,系欲建立共和政府,效法美国,除此之外,无论何项政体,皆不宜于中国。”[②]

为把中国建设成现代法治国家,他很早就留意探讨世界各国的法治经验,以资借鉴。他的总体目标是:“取欧美之民主以为模范,同时仍取数千年前旧有文化而融贯之”[③],也就是中西结合,将中国建设成为超越东西方的现代法治国家。具体而言,就是人所熟知的,除行政、立法、司法三权之外,再加考试、监察二权,五权独立,同时又有四权(选举、罢免、创制、复决,由人民掌握)制约的五权宪法。

以五权宪法为核心,建立现代中国的法律体系,并以这种法律体系为体,建设现代法治中国,这就是孙中山先生法治思想的全部内涵。这种“法治”以宪法为核心,尽管不同于西方的三权宪法,但毫无疑义应归属于西方的“法治”,即 Rule of Law。

---

① 孙中山著,广东省社会科学院历史研究室等编:《孙中山全集(第一卷)·致港督卜力书》,中华书局,1981 年,第 194 页。

② 孙中山著,广东省社会科学院历史研究室等编:《孙中山全集(第一卷)·附:在巴黎的谈话》,中华书局,1981 年,第 563 页。

③ 孙中山著,广东省社会科学院历史研究室等编:《孙中山全集(第一卷)·在欧洲的演说》,中华书局,1981 年,第 560 页。

第二节 “党治”理论的倡导者

但是，孙中山先生的这种法治理想，从中华民国建立之日起，便陷入困境。南京临时政府时代，他身为临时大总统，他的五权宪法方案却不为大多数党人所理解而被搁置。在司法实践上，西方法治也同样举步维艰。以民初姚荣泽案、宋汉章案为例。姚荣泽，光复前为山阳知县，光复后一变为山阳县司法长，在任司法长期间，在地方劣绅的支持下，捕杀该县主持光复的周实、阮式等人。应沪军都督陈其美的要求，孙中山以临时大总统电令将此案交给陈其美秉公审理。但是在审判官的选任、是否准许聘请外国律师、是否应该实行司法独立和无罪推定等问题上，陈其美与司法总长伍廷芳发生冲突。该案于 1912 年 3 月经三次开庭审理，姚荣泽被判处死刑，后被袁世凯特赦，改判有期徒刑 10 年并附加罚金结案。[①] 宋汉章，民初担任中国银行上海分行经理，由于他拒绝了陈其美的筹款要求，陈其美趁其到租界外出席宴会之机，以侵吞国款为名将其逮捕，因此又与伍廷芳在关于行政与司法权限问题上发生冲突，并升级为相互人身攻击。最后陈其美迫于各方压力，无罪释放了宋汉章。[②] 从这两个案件审理中伍廷芳与陈其美的争议来看：第一，双方都不同程度地利用了西方通行的法律原则为自己的主张辩护，都有借“法治”名义扩充自己权力的目的，在这一点上，陈其美表现更为明显；第二，陈其美为自己违法行为辩护时经常引用革命时期的激情

---

① 参见丁贤俊、喻作凤编：《伍廷芳集》(下册)，中华书局，1993 年，第 501—510 页。

② 参见丁贤俊、喻作凤编：《伍廷芳集》(下册)，中华书局，1993 年，第 511—527 页。

和特殊情况,其言外之意为出于革命形势的需要,即使牺牲"法治"也在所不惜,凸显的是"法治"的革命工具价值。姚案处于非常的军政时期,还犹有可措辞的地方;而宋案则已在《临时约法》颁布、中央政府已经建立之后的"约法时期",[①]其严重情形就更为彰显。南京临时政府是中国近代资产阶级革命的辉煌时代,在这种时代,"法治"却仍然遭遇权力和革命工具的挑战。这种先兆,本身就预示了近代中国法治的坎坷命运。

继之而来的北洋政府是武人专权时代。军阀横行、杀人掠地是这个时代的常态。在这种政治之下,法治自然成了边缘话语。"在专制野蛮而无轨道的军事政治作风中求法治,何啻缘木求鱼、痴人说梦?!"[②]在这种局面下,不用说完善发展,连晚清以来不彻底的改革成果也无法保有。在司法人才和经费短缺的困境中,当时的中央政府采取措施,裁废清末以来在全国设置的初级审判厅,地方审判厅亦裁废三分之二[③]。由此而确立的县知事兼理司法制度,一直实行到40年代。这种变化,可以说是对晚清司法改革的一种反动。

但另一方面,北洋时期在法治建设方面也并非毫无是处。法官作为公正的裁判者,不应该受党派利益的影响,因此法官不党是司法独立的应有之义。1914年袁世凯针对法官加入各种政党,尤其是国民党的现实,颁布了司法不党的命令。从此,司法不党在一段时期里成为民初司法的一个重要特点。但这种司

① 伍廷芳:《与陈都督论清查与捕获之权限》,载沈云龙主编:《民国经世文编(法律)》,文海出版社,1962年,第1999页。

② 蔡枢衡:《中国法理自觉的发展》,清华大学出版社,2005年,第136页。

③ 阮湘编著:《第一回中国年鉴·司法·民国法院之设置及废止》,商务印书馆,1924年,第251页。

法不党的做法，因南边革命政权党治理论的成熟，随着政治局势的大变动，而为司法党化所取代。

孙中山先生在早年的革命当中，受西方议会政党政治的影响，认为一党独尊是与专制相连的，到民国建立后应该有多个政党存在，互相竞争。即便在将政权让渡给袁世凯之后，中山先生仍然坚持这一观点，指出“文明各国不能仅有一政党。若仅有一政党，仍是专制政体，政治不能有进步”①。国民党既不能一党独尊，相应地其党义也不能定于一尊，所以他又讲，“既有党不能无争，但党争须在政见上争”②。宋教仁遇刺后，孙中山看到议会政治在中国的无望，加上国民党的一盘散沙导致“二次革命”的惨败，渐渐意识到一个组织严密的革命党对于建立和保障民国的重要意义，初步完成了由西方议会政党政治向一党制的思想转变。《中华革命党总章》里面的这段话足以说明此点：在革命时期，“一切军国庶政，悉归中华革命党党员负完全责任”③。民国七年到八年(1918—1919)间，他因军政府改组受西南军阀的排挤，困居上海，以著书改造国民心理并准备整理党务，《建国方略》于此时发表，认定在军政、训政时期应由国民党完全负责。到陈炯明背叛，中山蒙难，陷入空前的绝境。他于中华革命党成立前后所形成的“一党制”思想在当时世界各国尚无成功范例，故无法立即付诸施行。由于俄国革命成功，孙中山在绝望之中

---

① 孙中山著，中国社会科学院近代史研究所中华民国史研究室等编：《孙中山全集(第二卷)·在国民党成立大会上的演说》，中华书局，1982年，第408页。

② 孙中山著，广东省社会科学院历史研究室等编：《孙中山全集(第三卷)·在东京留日三团体欢迎会的演说》，中华书局，1984年，第37页。

③ 中国国民党中央委员会党史史料编纂委员会萧继宗主编：《革命文献(第70辑)·中国国民党党章政纲集·中华革命党总章》，台北文物供应社，1976年，第17页。

看到了希望,认为俄国革命的成功就在于“一党独掌政权……实行‘党外无党’”[①]。所以在1923年1月1日《中国国民党宣言》中就谈到革命的目标是要求最后的成功,即完全实现三民主义,“所谓成功者,非一人一党之谓,乃中华民国由阽危而巩固、而发扬光大之谓也”[②]。到1924年的国民党一大,孙中山正式确立了联俄的方针,在宣言中集中阐述了他心目中的党治理论。

> 本党改组后,以严格之规律的精神,树立本党组织之基础。对于本党党员,用各种适当方法,施以教育及训练,俾成为能宣传主义、运动群众、组织政治之革命的人才。同时以本党全力,对于全国国民为普遍的宣传,使加入革命运动,取得政权,克服民敌。至于既取得政权树立政府之时,为制止国内反革命运动,及各国帝国主义压制吾国民众胜利的阴谋,芟除实行国民党主义之一切障碍,更应以党为掌握政权之中枢。盖惟有组织有权威之党,乃为革命的民众之本据,能为全国国民尽此忠实之义务故耳。[③]

这是孙中山“以俄为师”的政治产物,国民党“党治”理论至此成型。党治取代专制法治,民主法治就将淹没在党治的汪洋大海之中。

孙中山先生的这种“党治”理论,其要点大体是下述几个

---

① 王奇生:《党员、党权与党争——1924～1949年中国国民党的组织形态》,上海书店出版社,2003年,第20页。

② 孙中山著,中山大学历史系孙中山研究室等编:《孙中山全集(第七卷)·中国国民党宣言》,中华书局,1985年,第3页。

③ 《中国国民党第一次全国代表大会宣言》,载《中国近代法制史资料选辑1840—1949第三辑》,西北政法学院法制史教研室1985年编印,第373—374页。

方面:

第一,担负中华民国治理责任的政党必须是革命党,中国国民党则是中国唯一的能够担负这种责任的革命党。“中华民国……要以革命党为根本”,“革命未成功时,要以党为生命;成功后,仍绝对用党来维持”。[①] 革命者在取得政权建立政府以后,“为制止国内反革命运动,及各国帝国主义压制吾国民众胜利的阴谋,芟除实行国民党主义之一切障碍,更应以党为掌握政权之中枢”[②]。也就是说,不仅夺取政权,推翻清王朝统治,离不开革命党的领导,国家治理更需依靠革命党的力量。西方资本主义国家的两党制或多党制有很大弊端,中国应像十月革命后的苏俄一样,实行一党制。这个党,就是他领导的国民党。因此,他所倡导的一党制,就是由国民党单独承担领导和治理中华民国的一党制。

第二,孙中山强调,“以党治国”的基本要求是用三民主义统一国人的思想,是“党义治国”,而不是“党员治国”。1923 年 10 月,他曾在国民党恳亲大会上,针对当时国民党内不少人把“以党治国”理解为国民党员都应做官的错误认识,谈到了“以党治国”,重在以三民主义“统一全国人民的心理”。他指出:“本总理向来主张以党治国”,但这并不意味所有国民党人都得做官,“所谓以党治国……是要本党的主义实行,全国人都遵守本党的主义,中国然后才可以治”。“以党治国,并不是用本党的党员治

① 孙中山著,中山大学历史系孙中山研究室等编:《孙中山全集(第五卷)·在上海中国国民党本部的演说》,中华书局,1985 年,第 262 页。

② 中共北京市委党史研究室编:《第一次国共合作在北京·国民党第一次全国代表大会宣言》,北京出版社,1989 年,第 74 页。

国,是用本党的主义治国,诸君要辨别得很清楚!"[①]

第三,孙中山提出"训政"时期应由国民党担负起"训导"国民行使"政权"的责任,同时强调"训政"的最终目的是还政于民。在孙中山看来,中国四万万人口中"大多数都是不知不觉的人"。[②] 而国家的治理却是要靠那些"先知先觉"们"预先来替人民打算,把全国的政权交到人民",[③]以此为据,孙中山又将整个国民革命分为"军政"、"训政"、"宪政"三个时期,分别实行"军法之治"、"约法之治"和"宪法之治",其中"训政"时期是由"军政"进入"宪政"的不可逾越的阶段。在论及"训政"问题时,孙中山认为,中国人民"久处于专制之下,奴性已深,牢不可破"[④],加之"人民之知识、政治之能力,更远不如法国"[⑤]。因此,必须经过"训政"时期"先知先觉"的国民党人之"训导",中国方能由专制进入共和政体,否则"必流于乱也"。

在这种思想指导下,广州国民政府时期,"党国"、"党军"、"党治"、"党化"等新名词就反复出现于各种党报党刊及党人之口。党要治军、治政,当然党也要治司法。赵士北反对司法党化,革命政府就免去他的职务。对这样的党治,李剑农先生当时就精辟地指出:"此后政治上所争的将由'法'的问题变为'党'的问题了:从前是约法无上,此后将为党权无上;从前谈法理,此后将谈党纪;从前谈'护法',此后将谈'护党';从前争'法统',此后

---

① 孙中山著,中山大学历史系孙中山研究室等编:《孙中山全集(第八卷)·在广州中国国民党恳亲大会的演说》,中华书局,1986年,第280—282页。
② 孙中山:《三民主义》,岳麓书社,2000年,第139页。
③ 孙中山:《三民主义》,岳麓书社,2000年,第137页。
④ 孙中山:《建国方略》,中华书局,2011年,第55页。
⑤ 孙中山:《建国方略》,中华书局,2011年,第52页。

将争'党统'了。"①党权成为革命进程的关键，在党、政、军的权力关系上，以党治军，以党治政，党权高于一切。

第三节 南京国民党政权的"党治"

但是，由于孙中山生前，国民党尚未掌控全国政权，从国民党改组到北伐攻占武昌、南京这段时间里，国共两党还在合作，因此，他的"党治"还是理想，没有具体的制度设计，更谈不上实际的制度操作。这个任务由在南京建立掌控国民党中央权力的蒋介石、胡汉民完成。

早在1926年8月14日，北伐尚在进行之时，蒋介石在长沙作《党员的责任和地位与组织纪律之重要》讲演，就开始解说孙中山所倡导的"党治"：

> 我们的政府是由党产生出来的，党是政府的一个灵魂，政府完全要党来指导，要党员来拥护、辅助，才能施行我们党的政纲，发挥我们党的效力，所以我们的党与政府，是相连的，不能分开的！从前军阀的政府是压迫民众压迫我们党的，我们认他是敌人，他与我们的关系、利害，统统相反，我们要想种种方法反对他、破坏他、打倒他；现在的政府，是我们党的政府，也就是我们自己的政府，我们的党命令政府、指挥政府、政府才能发生效力，照党的主义政策去实行。如果党员不明白这个政府是党的政府，与政府始终立在反

① 李剑农：《最近三十年中国政治史》，上海太平洋书店，1931年，第531页。

> 对地位,政府一举一动,我们都要反对。我们党的效力就完全失掉了!我们党的力量怎样才能强固敏捷?必须政府完全听党的命令,照党的政纲去做,党员却也不可掣政府的肘,这一点,每一个党员都要留心记着的,从前有许多党员不明白,他以为党既立在监督政府的地位,党员对于政府就可以反对,却不知"以党治国"这句话,不是说我们党员统统做官,统统到政府里面去治国,而是要拿党来做中心,根据党的主义、政纲、政策,决定了政治方案,交给政府去实行,党不是直接施政的,是透过政府做发号施令的机关,所以党对于政府有辅导扶助之必要,我们能够辅助政府,党才发生效力!党与政府要很密切地配合团结起来分工合作,党才可以达到治国的目的,所以请各位不要误解"政府同党的地位"。须知凡事于政府有利,于党也有利,于政府有害,于党也有害,政府失败,党也失败。政府同党是革命政权的表里两面,是密切联系而不可分开的!①

"政府由党产生","政府是党的政府","政府必须完全听党的命令"。党"透过政府做发号施令的机关",这就是南京国民政府成立前蒋氏"以党治国"的党治。

国共合作破裂,国民党"清党"反共,一党独大。1928 年 4 月 18 日,蒋介石、胡汉民两派联合,在南京成立国民政府。"党治"通过国民党元老胡汉民的阐释,进入中国的实际政治生活。

胡汉民长期追随孙中山,是孙中山三民主义、五权宪法的解

---

① 蒋介石著,张其昀主编:《蒋总统集(第一卷)·党员的责任和地位与组织纪律之重要》,台湾"国防"研究院、中华大典编印会,1968 年,第 477—478 页。

说人。早在1927年5月,他在双五节纪念会的讲演,用“以党救国、以党建国、以党治国”来概括孙中山所倡导的党治。他认为,只有国民党才能挑起救国建国治国的重担,“救国建国治国的大业简直是舍国民党其谁”。因此,“在军政训政两个期间,本来人民应操的权柄,须由国民党暂时代操,并须只让国民党一党来代操,一切思想,行为,组织,都是要统一的。这两个时期,不能容许多党来合治,是要唯一的自己担任的”①。

南京国民政府成立后,胡汉民、孙科向国民党中央提出训政大纲提案。在提出提案的同时,胡氏还发表《训政大纲提案说明书》②,系统论述“党治”方案。

《说明书》分两部分:

一为《原则上之说明》,共有四点:

1. 军政结束转入训政,国民党必须挑起训政重任。

2. 训政要旨八个字:“以党建国,以党治国。”“于建国治国之过程中,本党始终以政权之褓母自任。”以党的力量,“扫除革命之障碍”,“造成真实之统一”,“负起训政之全责”。

3. 训政党治,“就党与政府之关系言,党必求有其完固之重心,政府必求其有适宜之组织;就权与能之关系言,党为训政之发动者,须有发动训政之全权,政府为训政之执行者,须有执行训政之全责;就党与政府二者在训政时期中与人民之关系言,则党之目的在以政权逐步授诸全国之民众,政府之目的在于逐步受国民全体直接之指挥与监督。此三者为训政时期建国制度上

① 胡汉民:《胡汉民先生讲演集(第一集)·双五节纪念会演讲词》,民智书局,1927年,第44页。

② 胡汉民:《胡汉民先生名著集(下)·训政大纲提案说明书》,军事新闻社,1936年,第779—790页。

必须周顾之根本原则,缺一不可”。这是大纲“分别规定政治会议与国民政府之纲领”的原因。

4.“训政之目的,在于宪政之完成”,而“宪政必恃训政为阶梯”。五权宪法是建国的制度。国民党的责任“在于培植五权之基础而期其最后之完成”。

二为《制度上之说明》,要点有五:

1.“政治会议,为全国训政发动机关”,因此,“政治会议,对于党为隶属机关,但非处理党务机关,对于政府为其根本大计与政策所发源之机关,但非政府本身之机关。换言之,政治会议,实际上总握训政时期一切根本方针之抉择权,为党与政府间唯一连锁”。“政治会议,在发动政治根本方案上,对党负责,而非在党外也,国民政府,在执行政治方案上,对政治会议负责,但法理上仍为国家最高机关。”一句话,党在国上,国在党下。这就是“党国”的内涵。

2.国民政府组织按五权制度建构。政治会议与国民政府五院连锁相通,“国民政府常务委员为政治会议之当然委员”。五院分立,“以五院委员为政府委员,以政府常务委员五人分任五院之主席,合五院之组织而总称之为国民政府,政府常务委员五人中,指定一人为政府主席,政府主席除对外为国家代表外,其权力地位莫不与其他常务委员同”。

3.因国家行政计划与政策必须立法、行政两院交互决议与执行,故于立法院设置分组委员会,予行政各部出席立法院及分组委员会之权。

4.司法行政与司法审判“宜分不宜合”,为使司法审判独立,以司法部掌司法行政事务,以司法院掌理独立审判之全责。

5.考试院、监察院职在铨考监察政府人员。

司法独立是民主法治的重要内容。但是,早在南北分立时期，在孙中山先生党治理论的影响下，广州国民政府就开始了司法党化。到武汉国民政府时期，新司法制度正式规定法官必由党员担任。① 当时在实行参审制的条件下，参审员得参与法律及事实之审判，其在审判案件中所发挥的作用大致与法官相同，该制度还明确规定：关于党员诉讼，由基层人民法院所在地之党部选出参审员一人参审，②由此造成党员诉讼与非党员诉讼的差别。

国民党南京政府成立，作为日本法政大学法政速成科毕业生，胡汉民应该知道、也当然知道司法独立在民主国家的作用和重要性。但是，在他的党治方案中，你能看到这种作用和重要性吗？司法院院长居正也是日本法政大学法政速成科毕业生，他撰写发表《司法党化问题》，直接把广州政府时代的司法党化推向全国。他说："司法党化"这个新名词出世以后，有人高兴有人忧虑。高兴的像是得到奇货，忧虑的好像世界末日将要到来，露出惶惶不可终日的样子。其实都是大惊小怪。在"以党治国"的国家，"司法党化"应该是"家常便饭"。"在那里，一切政治制度都应该党化。特别是在训政时期，新社会思想尚待扶植，而旧思想却反动堪虞。如果不把一切政治制度都党化了，便无异自己解除武装，任敌人袭击。何况司法是国家生存之保障，社会秩序之前卫，如果不把它党化了，换言之，如果尚容许旧社会意识偷

① 武汉国民政府颁布的《新司法制度》第二条规定："废止司法官不党之法禁。非有社会名誉之党员，兼有三年以上法律经验者，不得为司法官。"载《中国近代法制史资料选辑 1840—1949 第三辑》，西北政法学院法制史教研室 1985 年编印，第 280 页。

② 《新司法制度》关于参审和陪审的第五条对此有明确规定，载《中国近代法制史资料选辑 1840—1949 第三辑》，西北政法学院法制史教研室 1985 年编印，第 281 页。

藏潜伏于自己司法系统当中，那就无异容许敌方遣派的奸细加入自己卫队的营幕里，这是何等一个自杀政策！”①

他认为，“司法党化”是不成问题的，成问题的是：怎样才叫做“司法党化”。按他的见解，司法党化必须包含以下两个意义：

1. 主观方面：司法干部人员一律党化。

2. 客观方面：适用法律之际必须注意于党义之运用。

他解释说，司法干部人员专指各级法院的推检。所谓司法干部人员一律党化，是指推检不一定都由有国民党党证的人来担任，而是要从明了而且笃行党义的人民中去选任。要他们都有三民主义的社会意识。“质言之，司法党化并不是司法‘党人化’，乃是司法‘党义化’。”②“三民主义之国家，要求每一个法官对于三民主义法律哲学都有充分的认识，然后可以拿党义充分地运用到裁判上。”③他们能够做到：

(1)法律没有规定的，能用党义来补充它；

(2)法律规定太抽象空洞而不能解决实际具体问题的，能拿党义去充实它们的内容，在党义所明定的界限上，装置法律之具体形态；

(3)法律已经僵化之处，拿党义把它活用起来；

(4)法律与社会实际生活明显地表现矛盾而又没有别的法

---

① 居正：《司法党化问题》，载李贵连主编：《近代法研究》，第一辑，《旧文选登栏》，北京大学出版社，2007年，第137—138页。

② 居正：《司法党化问题》，载李贵连主编：《近代法研究》，第一辑，《旧文选登栏》，北京大学出版社，2007年，第139页。

③ 居正：《司法党化问题》，载李贵连主编：《近代法研究》，第一辑，《旧文选登栏》，北京大学出版社，2007年，第150页。

律可据用时,可以根据一定之党义宣布该法律无效。[1]

这就是居正所要的司法党化。这种司法党化,不论是司法党人化还是裁判案件的党义化,都与司法独立原则相悖,其直接后果就是造成法律适用上党内与党外有别,即便在党内,由于对党义理解的歧义,适用起来也会不同。法律不能统一适用,何来“Rule of Law”? 这种变专制时代“一人之治”为“一党之治”的“法治”,司法党化下的“法治”,用传统的“治法”来表述,也许更为确切。它是党国一体、以党治国理论的逻辑结果。

胡氏训政大纲是一个全面实施孙中山党治理念的纲领。1928 年 10 月 3 日,国民党中央常务会议通过了这个《训政纲领》。《训政纲领》共六条,主要内容是:

(1)训政时期由国民党的党代会代表国民大会领导国民行使政权,党代会闭会期间,政权托付国民党中执委执行;

(2)国民党“训练”国民学会行使选举、罢免、创制、复决四项政权,国民政府则总揽行政、立法、司法、监察、考试五种治权;

(3)国民党中央政治会议指导监督国民政府重大国务的施行,修改解释国民政府组织法。

自此,国民党的“党治”,通过《训政纲领》进入实际运作。

第四节 “党治”“军治”与领袖独裁

1927 年 6 月 6 日,胡汉民在“清党”中提出“党外无党,党内无派”的口号,要求国民党员“对于党的信仰,要绝对的统一”。

---

① 居正:《司法党化问题》,载李贵连主编:《近代法研究》,第一辑,《旧文选登栏》,北京大学出版社,2007 年,第 150 页。

训政纲领实施之后,既然“党外无党”,那么国民党之外的其他政党都成了“异党”“匪党”。国民党就要通过掌控的政权,动用行政、立法、司法,直至军事围剿、特务暗杀、金钱收买等手段,取缔、捣毁、屠杀、消灭“异党”“匪党”。1929 年,国民党第三次全国代表大会召开,上海特别市代表陈德征提出《严厉处置反革命分子案》,认定“共产党、国家主义者、第三党及一切违反三民主义之分子”都是危害党国的反革命分子。对这些反革命分子,只要国民党的省及特别市党部一纸书面证明,法院或其他法定受理机关,就应以反革命罪处分之。[①] 这就是国民党的党治。在这种党治下,不用说,敌对的共产党是“共匪”、“赤匪”、“反革命”,要动用军队痛予剿除。就连蒋氏自己的黄埔老搭档、孙中山的信徒邓演达也难逃这种党治之劫,被蒋介石下令秘密处死。

有道是:“党外无党,帝王思想;党内无派,千奇百怪。”胡汉民从大清帝国走出来,头脑中留有传统帝王思想,采用帝王手段消灭异党,是他的“党外无党”的应有之义。然而,党内无派却让他自己尝尽苦头。他和蒋介石本是国民党内的两派,“党外无党”,在“清共”、“反共”的共同目标下联合。但是,手握军权的蒋公,无法接受胡先生党权的指挥。1931 年 2 月 28 日,仅因训政时期要不要制定约法的争论,两千年前的鸿门宴就在首都南京重演。蒋公在国民党中央党部公开宴请胡先生,对这位国民党元老,中执委、中常委、五院政府的立法院院长,党治理论的权威进行“党治”。枪口之下,胡先生乖乖就缚,被送往汤山,亲尝了自己酿造的“党内无派”这杯美酒。这杯酒好看,但是太苦。胡先生获释后,宁汉分裂,同党相残,白刀子进红刀子出。这种状

① 杨天石:《寻求历史的谜底》,首都师范大学出版社,1997 年,第 537 页。

态,可以说是对国民党"党治"的最大讽刺。也许就是这个原因,所以 1932 年 5 月 22 日《独立评论》第 1 号刊出的胡适博士的《宪政问题》一文,这个胡先生就说:"住在香港的胡汉民先生近来也屡次发表谈话,表示他赞成宪政的实行。并且赞成党外可以有党了。"我没有查核胡汉民先生的这几次谈话,但是相信胡博士不会胡说。看来,胡汉民先生真是吃一堑长一智呵!

此后,作为胜利者的蒋公操纵国民会议,通过《中华民国训政时期约法》,明文规定:"训政时期由中国国民党全国代表大会代表国民大会行使中央统治权;中国国民党全国代表大会闭会时,其职权由中国国民党中央执行委员会行使之。"用根本法的形式,将国民党一党专政的党治凝固化。《约法》扩大国民政府和国民政府主席的权力,规定"国民政府统率陆海空军",国民政府主席统辖五院,五院院长和各部部长人选由国民政府主席提请国民会议任免。这样一来,继续担任国民政府主席兼行政院长的蒋介石,终于通过法律,将党政军大权集于自身,使他的专制独裁合法化。卢梭说:"暴君是一个违背法律干预政权而依照法律实行统治的人。"①蒋公的行为,或许可以作为这句话的一个注脚。"党治"的归宿是一党专制,一党专制的结果是领袖独裁。由"党治"而生的必然是专制之法、独裁之法。这种变专制时代"一人之治"为"一党之治"的"法治",司法党化下的"法治",是专制法治、独裁法治,是帝制时代"治法"的变种,而不是现代的民主法治。

于一夫先生论证说,国民党"'以党治国'的思想,对于中国共产党的治党、治国、治军也产生了深远的影响。早在革命根据

---

① (法)卢梭著,何兆武译:《社会契约论》,商务印书馆,1996 年,第 116 页。

地初创时期,就曾出现过'以党代替苏维埃'的错误倾向。针对这种倾向,毛泽东曾经指出:'党在群众中有极大的威权,政府的威权却差得多。这是由于许多事情为图省便,党在那里直接做了,把政府机关搁置一边。……国民党直接向政府下命令的错误办法,是要避免的。'"[①]1941 年 4 月 15 日,邓小平也"著文对'以党治国'论提出尖锐批评,他指出:'某些同志"以党治国"的观念,就是国民党恶劣传统反映到我们党内的具体表现。'……'这些同志误解了党的优势,以为党员包办就是绝对优势,不了解真正的优势要表现在群众拥护上。把优势建筑在权力上是靠不住的';又指出:'这些同志误解了党的领导,把党的领导解释为"党权高于一切",结果群众认为政府是不中用的,一切要决定于共产党……政府一切法令都是共产党的法令,政府一切错误都是共产党的错误,政府没有威信,党也脱离了群众。这实在是最大的蠢笨!'邓小平认为:'"以党治国"的国民党遗毒,是麻痹党、腐化党、破坏党、使党脱离群众的最有效的办法。'他的态度很明确:'我们反对国民党以党治国的一党专政,我们尤要反对国民党的遗毒传播到我们党内来。'"[②]但是,毛泽东、邓小平的提醒,并未引起全党的重视。中华人民共和国成立后,"最高领导层已经形成的'以党治国'观念不但没有克服,反而进一步强化。特别是 1957 年'反右派'斗争继而在 1958 年召开第四届全国司法工作会议之后,在政法机关突出强调党的'绝对领导',更使'党化国家'成为定型。它的最集中的表现,是毛泽东 1958 年 8 月 24 日在北戴河发表谈话,说:'不能靠法律治多数人……我

---

① 于一夫:《"以党治国"面面观》,载《炎黄春秋》2010 年第 7 期,第 1 页。

② 于一夫:《"以党治国"面面观》,载《炎黄春秋》2010 年第 7 期,第 1—2 页。

们基本上不靠那些，主要靠决议、开会，一年搞四次，不能靠民法、刑法来维持秩序。我们每次的决议都是法，开一个会也是一个法。'他还说：'要人治，不要法治。《人民日报》一个社论，全国执行，何必要什么法律？'其时，刘少奇也说：'到底是人治还是法治？看来实际上靠人，法律只能做办事参考。党的决议就是法。'这些论断，就是'以党治国'论的极端表现。这种主张使党权无限膨胀，任意毁弃法制，最终导致滥施专政，政治清洗不断，国无宁日，亿万人民身受其害，也使执政党自身的形象受到严重损伤。"①历史爱与人开玩笑，与当年胡汉民自尝自酿的苦酒一样，二十世纪六十年代，刘少奇也手执自己亲自参与制定的共和国宪法，向毛主席的红小兵要求人身权利。

这就是推翻帝国之后的中国二十世纪之"治"。共和法治、民主法治，在摧毁大清帝国过程中，曾经激励过数不清的志士仁人，他们中的不少人甚至为此而献出了自己的生命。但是，二十世纪取代帝国之后，却从未出现什么共和法治、民主法治，实行的都是党治。

① 于一夫：《"以党治国"面面观》，载《炎黄春秋》2010 年第 7 期，第 2 页。

Rule of law 的学理解说者

第一节　蔡枢衡的思考

20 世纪 40 年代，在国人呼唤“法治”几十年后，蔡枢衡先生通过反思，认为：“今日中国之理想为法治国，今日中国之现实尚属警察国类型。”①因为“专制政治、农业经济、身份社会、官尊民卑、有官权而无人权、有强权而无公理……，为警察国之特征；则立宪政治、工商经济、人类平等、民主官仆、有治权尤有政权与人权、国家权力成为维护自由保障平等之手段……，均属法治国特色之所在。”②他认为，“今日中国业已进入由传统的警察国脱化为法治国之过程中”③。但在这个过程中，警察国和法治国的特点之间，矛盾错综，尖锐对立，造成中国诸多社会现实被涂上悲剧的色彩，这些悲剧主要表现在：

> 书生气质之大学法科教授与司法实务家间之相冲，实

---

① 蔡枢衡：《中国法理自觉的发展》，清华大学出版社，2005 年，第 121 页。
② 蔡枢衡：《中国法理自觉的发展》，清华大学出版社，2005 年，第 121 页。
③ 蔡枢衡：《中国法理自觉的发展》，清华大学出版社，2005 年，第 121 页。

为可能发现之诸般悲剧中最惨之一幕。依理，法科大学教授与司法实务家间，在知识上有同类之情，相生之谊，相辅之道，而无相冲之理。不幸基因中国社会及法律现阶段的性质之特殊，在校接受之法学知识，一经进入法院，踏上实务之途，便有即时变化气质，成为体现专制精神的工具之可能。兼之，今日中国之官吏，非必尽皆服膺民主公仆之意义。旧时独有之官气、官威及官格，并非绝无乘虚而入之可能。而今日之书生，非尽属于昔日士大夫之类型。爱国丹心，虽可贯日，趋避奉迎，可能欠工。其间或至相冲，亦属理所当然。假定社会现实可以发现此种相冲之现象，不能不归责于历史的安排。

另一幕悲剧为法官与律师之相刑。一般言之，法官与律师各有不同之任务，合则二全，分则二失，宜无相刑之理。惟是律师之本务，在为当事人谋利益。法令之全体及精神即为当事人利益之总体及限界。根据法令之全体及其精神以为当事人谋利益，即为彻底的法治精神之表现。万一法官故意断章取义以裁判，结果势必与律师之正当目的相冲突。况且律师之于警察国，不独为无用之长物，抑且无存立之余地。过渡期中律师与法官之有时相刑，岂非必然？假定社会有此事实，应于此点求其理论根据。

地方司法行政长官与其所属推检之相克——压迫与反抗，亦属悲剧之一种。在法治前提下，检察一体原则之本旨，非为长官之专制谋便利。审判且有独立之原则。然在专制精神下，长官之下，均为部属，职权独立者，惟长官一人。于是长官之态度，可能倾向于审判行政化；推检之态度，则有倾向法治化之可能。长官与所属态度之背道而驰，势成必然。假定社会现实有此现象，不能不认系过渡期中当然应有的事实。

新进司法实务家与先进司法实务家间之相害——不相融洽，亦一悲剧。新进实务家多属书生之类型，所知为理想，而非事实；所行倾于法治，而与专制相远。而久任实务家之所知，其与理想相距之远近，可能与其在任时间之久暂成正比。于是新进者可能以不知理想菲薄旧任者；久任者尤有以历世甚浅、不懂奥妙鄙视前者之可能。新旧二者对立状态之可能性，已为历史所注定。假定社会可以发现此类事实，吾人实不能不承认其为势所必然。

诉讼当事人与其所委律师之不相融，亦属悲剧之一幕。依理，律师之天职在于依法为当事人谋利益，宜无不能相融之道。律师本身无利害，惟以当事人之利害为利害。然而此乃法治国之理论及事实。警察国之诉讼，并无一定之程序，诉讼当事人亦无显明之当事人资格——尤以刑事被告为然；警察国有讼棍而无律师，并且讼与凶间，具有关联。因之，现阶段中国诉讼当事人心目中之律师，不易超出讼棍之范围，而其固有之法律技术的性质及能力，反完全抹煞。于是自好的方面观察，律师可视为依靠之对象，运动之机关，以及诉讼包胜之能手；自坏的方面言，律师可能成为一切失败及谬误之负责者——至少可以如此推诿，而不以为怪。然而好坏双方之认识，均足使本来意义之律师，对之啼笑皆非。假定社会事实中可以发现此类矛盾，什九均属警察国与法治国矛盾之一形态。

大学法律学院系之讲义与现实行政间显示互相背反之倾向，亦属脱化中之一现象。讲义之内容，全属书生之天下，专制精神，早被当作批评之对象、法制政治史上之名词；而行政现实之所发现者，可能即为中国社会今日普遍通行

> 的专制精神之一支派。于是,观念与实践——讲义、行政间存在着不调和的矛盾。假定社会有此现实,亦属过渡期中应有之点缀。假定学校毕业后服务法界者,果有迅速抛弃其观念的法治精神之事实,则讲义与行政间之矛盾,应为其一远因。[①]

蔡枢衡先生在形象地描述完这些过渡期的矛盾现象后,用辨证观点进行了这样的概括:"中国在警察国与法治国之矛盾的错综中,社会之法的组织,随时随地留有其他物介入之余地或可能,无待多言。此介入之物为贿赂,为请托,为官官相护、为恃强凌弱、为以众暴寡、为以智欺愚、或以有知欺无知,甚或为以有知之故而被欺。假定现在中国社会何时何地发现此类事象之一种或数种,介入于法的组织中,须知均是警察国与法治国间矛盾必然之结果的残余。"[②]作者并没有仅仅停留于对转型期纷繁复杂的社会法律现象进行自圆其说的阐释,而是更进一步指出今后中国"法治"的方向。在文章的最后,作者饱含深情、满怀信心地指出:"警察国与法治国间之矛盾将往何处去?矛盾之归宿,固非矛盾现象之与世不朽,亦非警察国之特征重庆中兴,而为法治国之因素定于一尊。易词言之,今日矛盾中之法治国因素,即为异日降服恶魔之霸主;今日细微至于不易发现其存在的法治国诸特征,即为将来法的机构支配者;今日渺小至于不易维持存在之法治国特征诸表现,即为明日法的机构之代表者。法治国特征明日昂扬之必然性,有如警察国风光布满今之日之为无可避

① 蔡枢衡:《中国法理自觉的发展》,清华大学出版社,2005年,第121—123页。

② 蔡枢衡:《中国法理自觉的发展》,清华大学出版社,2005年,第123页。

免的宿命。"①

一句话,40 年代的中国,因其没有"法治",而没有公平、没有正义。呼唤"法治"几十年,为"法治"而奋斗几十年,结果如此,是"法治"的悲哀,还是国人的悲哀?!

第二节 李浩培、韩德培如是说

在整个 40 年代,虽面临严重的内忧外患,但建设宪政国家已成为时代之理想。宪政国家必定是个法治国家,而当时中国之现实却是以"训政"之名、行"党治"之实。理想和现实之间的巨大鸿沟,迫使当时很多法学者关注并思考这类问题:在当时的中国如何推行法治?如何处理法治理想和党治现实之间的关系等。对这些问题的思考者,有代表性的,除了蔡枢衡先生之外,还有李浩培、韩德培等诸位先生。

法治实行问题

李浩培

中国现在甚需要法治,朝野上下亦正提倡法治;然而我们与真正的法治,距离尚颇遥远。中国如何方能实现法治的问题,颇值得我们的深思。本文拟予以探讨。

一

首先,何谓"法治"?究竟一国在何种情形之下,我们可称之为"法治国"?我们的答案是:一个国家,如其统治权的

① 蔡枢衡:《中国法理自觉的发展》,清华大学出版社,2005 年,第 123 页。

行使，以法律为准绳，受法律的拘束，那个国家便是法治国。一个国家，如实行法治，应有下列的结果。

第一，国家的统治权绝非毫无限制，它只能在国法所定的范围内活动，而人民亦得在国法所定的范围内自由活动。因此，国家与人民的关系，并非无限制的权力服从关系：国家只能依法要求人民行为或不行为，而人民对国家亦得依法主张其权利，且这种权利的主张应得国家的尊重。但“国家”是什么？就惟实主义者观之，国家不过是统治者全体首领及其他一切大小官吏的另一名称耳。故我们可谓：在一个法治国中，统治者只能在国法所定的范围内活动，并只能依法要求人民行为或不行为；人民亦得在国法所定的范围内自由活动，且亦得对统治者依法主张其权利。

第二，依循法律的观念，必然排斥不遵法律，而任个人的好恶，专断妄为的观念。故在一个法治国中，一切大官小吏为国家行为时，必须处处并时时顾及法律，而绝不能使他们的个人意志凌驾于法律之上，致法律失其效力。他们的行使自由裁量，只能在法律所容许的限度内行使之，而绝不能反于法律而行使之。

第三，在一个法治国中，不但人民受法律的制裁，即一切大官小吏亦受法律的制裁。故官吏的行为，非系不负责任的行为，而系依法律负责任的行为。盖否则官吏得逍遥法外，而法治必不能贯彻。

第四，在一个法治国中，人民不受法外的责罚。故人民只须遵守法律，便可安居乐业。人民即使触犯法律，亦须经依法审判后，方受法律所预定的责罚。

第五，在一个法治国中，官吏及人民既均须依法，既均须受法律的制裁，必有一种机关以认定他们的行为是否合法，是否应加他们以法律所规定的制裁。这种机关便是司法机关。但欲使司法机关能严格地依法履行其职责，不得不使其免于一切其他机关的干涉。故一个真正的法治国必有独立的司法。

二

现在，我们试就现代中国的情形，加以观察，以资判断她是否可被称为一个真正法治的国家。自然，在我国，有颇多的法律存在，但这绝不能显示我国已实行法治。在我们的这个政治社会中，法律是法律，事实是事实，两者常相违反。在事实上，颇多官吏的行为，并不依据客观的法律，而纯出于他们的主观的好恶。他们的行为常逾越他们的权限，侵害人民的权利，而这种行为甚少被阻止。因此，在人民方面，他们在法律上原均享有权利与自由，但实际上几无权利与自由可言。而在官吏方面，他们依法律原是负责任的，受法律的制裁的，但实际上“老虎”几均得免于制裁，“苍蝇”有时不免受制裁，但其受制裁亦未必完全依照合法的程序。

我国的现状确系如此。我们不必讳疾，而应追求致疾的原由，并设法予以疗治。然则造成这不法治的原因究竟安在？

三

笔者以为我国的不真正实行法治，一部分的原因存在于人民自身。权利需要主张，方能确立，需要卫护，方能保持。一个人依法享有的权利，可能被他人违法侵害。于此被违法侵害的情形，如权利人能依法卫护其权利，以各种合法的手段与违法者相周旋，并寻求适当的救济，则其权利仍有保持的希望，而法律的效力亦赖以保持。故权利人的努力卫护其依法享有的权利,实有拥护法治的效果。相反的,如权利人不卫护其权利,不与违法侵害者相周旋,则权利人的行为,等于权利的抛弃。如权利人每次被违法侵害权利时,每次予以容忍,则在侵害者与一般人的心理中,将逐渐视违法的侵害为正当,而权利人依法享有的权利将归于乌有,法律亦将等于具文。故不卫护依法享有的权利,不与违法侵害者相周旋,实等于毁弃法治。不幸,我国的一般人民,大都有权利而不维护,对于违法侵害其权利的官吏,常不予以依法的反击,而予以容忍。这,如果我们以一个真正法治国的一般人民,与我国的一般人民相比较,便可了然。兹姑举在英国发生的一个实例,以与我们的情形相对照。

在一九三六年九月二十九日,当以卖报为业的一个英国妇人——欧固赫太太(Mrs. Urquhart)——在伦敦的一个地下火车站出卖报纸时,被警察逮捕,搜索,以妨碍人行道交通罪向简易法院起诉,并被拘禁数小时,然后保释。十月一日,简易法院开庭审理该案。两个警察在庭上作证,一个谓他于逮捕被告前,未知任何人对被告有任何犯罪的指控,但另一个的证言与前者的完全相反,谓前者于事前曾经知悉。法院宣告被告无罪。被告以为警察在该案中的逮捕搜索行为系属违法;且这两个警察的证言既互相冲突,至少其中一个的证言系属伪证;故即委任一位低级律师(Solicitor)具函警察总监,请其向简易法院索取这两个警察所为证言的笔录的副本,并彻查该事件。警察总监的答复为:"我认为警察对待贵当事人的全部行动,系属正当。"这低级律师于是再函警察总监,予以驳复,并仍请彻查。警察总监这次的复文为:"除前次的复文外,并无其他话说。"低级律师爰再向警察总监去函,谓如不彻查,当依法向法院起诉。这次的信却发生效力:警察总监向简易法院取得了证言笔录的副本,并命警察长答复,略谓:“警察总监认为这件逮捕,既不必要,亦无理由可资辩护;且逮捕以后的事实倾向于加甚贵当事人抱怨的原因。警察总监命我请贵律师向贵当事人转致其为警察所采的行动而怀抱的诚挚歉意。对于贵当事人受到这种不幸的经验,他颇为歉愧。关于贵当事人损害赔偿的要求,警察总监授权我向贵律师提出五十镑的数额,外加经两方协议的贵律师的费用,以资完全清偿贵当事人从该事件所生的任何请求。”低级律师与其当事人接洽后,认为满意,接受警察总监方面所提的和解条件,但为其当事人再致警察总监一函,谴责其以前的不理态度及其最后的由于获得将对各不法警察起诉的警告,方提出和解的条件,并以下述的语句作结:“敝当事人告我,她不重视这事件的金钱方面,而注意它的公共利益方面。”

从上看来,英国的一个寻常卖报妇人亦如何努力地依法对抗强有力的警察机关!英国赖有这样的人民,这样的人民的这样的行为,方能保持其法治于不坠。但,这种人与这种行为,求诸我国,可谓绝无仅有。结果,例如军队、县长、或保长可于青天白日下,或夜深人静时,将壮丁随便拉去;催粮委员可令老百姓戴绿帽子敲锣游街;“村长”可向人民要任何数量的任何东西,并可将人民任意拘禁以资强制执行。总而言之,我国的一般老百姓实在太好了,好到类似牛马。牛马对于人并无权利可言,我国的一般老百姓对于统治者并无权利之可言。牛马对于人并无权利,因为它们不识不知,并不主张权利。我国的一般老百姓对于统治者亦无权利,因为他们也不识不知,并不卫护其依法享有的权利。但,因一般老百姓不卫护其权利,法律即失其效力;法律失其效力的结果，法治自不得不成为徒有其名而已。

四

我国的不真正实行法治，另一部分原因，无疑地存在于官吏。由于这数十年来人事制度的未建立，行政官的滥进，已属尽人皆知的事实。并且由于多年的外患与内争，军人执政，亦已成为常例。结果，颇多的行政官除欠缺其他必要的资格外，复无法律的训练。自然，这种行政官，“一朝权在手”，也会“便把令来行”。但是他们的权依法究竟到哪里为止，他们的令依法究应有如何的实质，经何种的程序，他们却殊少了解。一言以蔽之，现代我国的颇多行政官，既无行政亦须依法的观念，何能期望他们有依法行政的实质？不但如此，徇私舞弊，官官相护，早已确立为官场“习惯法”的大原则，更何能期望有真正的法治？

行政官不依法行政，而司法官能不畏权贵，执法以绳，监察官亦能尽其纠弹的职责，则行政官的违法可渐行矫正，而法治亦可逐渐推行。我们知道，英国的法治，实奠基于十三世纪至十七世纪那个时期内英国法官的坚持“国王应在上帝及法律下施行统治”；法国的法治，亦形成于所谓警察国时代的法国最高法院之能与国王抗衡；我国历代的尚能保持些微的法治，则应归功于台谏等官的甘冒危险，不屈不挠地执行其职务。但现代我国的司法官及监察官，处于行政官的历年积威之下，几均已采取明哲保身的政策。检察官的侦查与起诉，依其自定的“不成文法”，以一般无权无势的老百姓为对象；监察官的弹劾与纠举，亦只及于低级的官吏而已。风骨嶙峋，不怕触怒当道的法官及监察官，真可谓凤毛麟角。然则，在我国，法治的不能实行，亦可谓“事有必至，理有固然”。

五

上面的分析如果不错,我们已可略知我国法治实行问题的症结所在。这症结存在于人民及官吏两方面。故为实行真正的法治计,我们以为:

第一,我们应使一般人民知悉:人民不但是生物学上的人,在法律上也是人;法律承认并尊重每一个人的人格,故对每一个人赋予权利并保护其权利,不论他在社会上的地位怎样低;每个人民,为拥护法治起见,应尽力实行其法律所赋予的权利,而在其权利被违法侵害时,依法努力寻求救济,务使其损害得到赔偿,权利得以恢复。不过,欲使人民有这种智识与能力,并非易事。这需要使每个人受几年强迫的并良好的国民教育。

第二,我们也应使一般智识阶级知悉:欲使中国步入真正的法治,智识阶级的为法律奋斗是不可少的。智识阶级应尽量涤除其孤芳自赏的心理,各扫门前雪的惯行,而应依法组织起来,将官吏的违法行为揭发并纠正,务使大官小吏均逐渐依循法律的轨道而行为。因此,不久以前北平各大学一部分教授的抗议捕人,最近上海人士的组织中国国际人权保障会,我们认为为法治前途计,都是值得欣慰的现象。这种抗议与组织,其目的既无非在求人民的人身自由得到切实的保障,其行动既亦完全和平合法,政府不但应予以容忍,且为求真正的法治实现起见,更应予以鼓励。

第三,我们应使一切行政官知悉行政必须依法。为求达到这个目的,我们应使一切行政官,不论其大小高低,在法律学院中至少学习法学通论及行政法这两门课程。并且为求法治行政的确立起见,我们应实行军民分治,并树立一个健全的人事制度。

第四，我们应使监察权尽量发挥。监察权的不能发挥，无非因监察委员“倘认真弹劾，往往招致本身不利的结果”（本年四月六日《大公报》载仇鳌请辞两广监察使辞呈中语）。故我们如真欲实行法治，巩固监察官的保障，实属必要。不过，我们应注意者，这保障应不仅是宪法条文上的保障，并是实际上的保障。我国的监察委员在文字上非无保障，所缺乏的还是实际的保障。如何方能使监察委员得到实际的保障？我们的答案，主要的仍基于权利需要权利人卫护方能保持的理论。故监察委员认真弹劾而遭遇不利的结果时，全体监察委员应起而要求其法律上所享保障的实现。全体人民自亦应起而拥护监察委员的立场，务使后者的保障得以实现。但我们还希望政府中的要人能确切实行中山先生的遗教，中山先生的五权宪法将考试、监察两权，与立法、司法、行政三权并立，可见其如何重视监察权。不幸，五权政治试行以来，监察权竟成装饰门面的一权！昔贤有这样意义的一句话：风俗的厚薄，系乎一二个人的心之所向。我们以为：在现代的中国，法治的真正实行，或也系于一二个人心之所向。设道一二个人，从今日起，能重视监察权，予监察委员以实在的保障。使监察委员能认真行使监察权，无所惧惮，因此使中国得以奠定法治的基础，岂不尽善尽美！

第五，我们应使司法完全独立。因此，我们应使行政官及司法官各明了其所处的地位，在一方面，我们应唤起行政官注意：在一个法治国中，每一行政官，不论位怎样尊，功怎样大，不应干涉司法。在另一方面，我们亦应提醒司法官：他们不应妄自菲薄，而应尽力履行执法的职责。行政与司法在一个法治国中的相互地位，孟子曾有很正确的阐发，可供今日我国的行政官与司法官的参考，兹略予论述。孟子的原文如下：

桃应问曰："舜为天子，皋陶为士，瞽瞍杀人，则如之何？"孟子曰："执之而已矣。""然则舜不禁与？"曰："夫舜恶得而禁之？夫有所受之也。""然则舜如之何？"曰："舜视弃天下，犹弃敝屣也，窃负而逃，遵海滨而处，终身欣然，乐而忘天下。"

在儒家的思想中，舜是圣主，皋陶是贤臣，瞽瞍是舜的父亲，被认为有"顽"的特性。故孟子的弟子假设一个案件，以问孟子。他的假设案件是：在舜为天子，皋陶为士——士是刑官之长，有现代的检察官及审判官的职务——的时期内，瞽瞍杀人。他所欲知悉的孟子的意见是：舜及皋陶于此情形将何以自处？孟子的解答是：皋陶必将逮捕瞽瞍，舜必不禁止皋陶的逮捕，但舜将抛弃天子的位置，将瞽瞍从监狱中窃取出来，背负他到海边，以平民的身份与他共叙天伦之乐。但皋陶何以必将瞽瞍逮捕？孟子盖曰：皋陶的职权既在逮捕罪人，置之于法，他自应依法行使其职权，故他将不问犯罪者是否舜的父亲，予以逮捕。然则舜何以不禁皋陶之逮捕？孟子的理由很简单，但很充分："夫有所受之也。"这句话，惠士奇《春秋说》解释甚为精审。他说："夫有所受之也。恶乎受之？曰：受之舜。杀人者死，天之道也。皋陶既受之舜矣，而舜复禁之，是自坏其法也。自坏其法也，不可以治一家，况天下乎？"可见，依孟子的见解，统治者亦受法的拘束，他不得自坏其法。他不得立了杀人者死的法后，遇到他的父亲杀人，便说这法对他父亲不适用。他不得在一般人杀人时，命皋陶执法以绳，处以死刑，而在他的父亲杀人时，命皋陶宣告这特别的杀人犯无罪，予以释放，故舜不得禁皋陶的逮捕瞽瞍，理由甚明。舜一面既不得自坏其法而禁皋陶的逮捕，一面又是终身慕父母的孝子，孟子为舜设想，只得丢掉他的王冠，将瞽瞍"窃负而逃，遵海滨而处"了。不过，我们可注意的是：依孟子，舜何以必须背负瞽瞍而远逃到海滨？又何以必须弃其天下？我们揣度孟子的意思，他盖以为：舜的将瞽瞍窃负而逃，也是一种犯罪行为；舜如窃负而逃的不远，皋陶必身以"夫有所受之也"为理由，将舜和瞽瞍两人都逮捕归案法办，故舜不得不远逃到当时国家法令所不及的海滨。舜既须逃到海滨，他自难同时仍为天子。且舜是一个富有君子风度的天子，他既已犯了窃负而逃的罪，更有何面目再为天子，故他自将弃天下如弃敝屣。

这是一个标准儒家的标准法治思想。这思想何等精确！可惜它未成为中华民族正统思想的一部，而为"刑不上大夫"及其他类似的命题所遮掩。我们现在既要实行法治，必须使它成为我们的正统思想的一部。愿今日在高位的行政当局都以舜自居，而司法官均以皋陶自励。①

我们所需要的法治

韩德培

两千多年来的中国思想界，可说是被儒家的思想所笼罩、统治和支配的。儒家重视德治、礼治，而不重视法治，甚至可说蔑视法治，鄙薄法治。儒家的老祖宗孔子便曾说过：

---

① 载储安平主编：《观察》，1947年第二卷第十二期，第3—6页。

“道之以政，齐之以刑，民免而无耻；道之以德，齐之以礼，有耻且格。”孔子以后，儒家里面出了两位大师，一为孟子，一为荀子。可是一则说“徒法不足以自行”，一则说“有治人，无治法”。孟荀以后，历代儒家对法治的见解，除极少的例外可以不论，大体都逃不出这一类思想的窠臼。清初纪昀编纂四库全书，在其所搜集的古今著作目录之中，关于法律著作的目录，仅仅搜集了十之二三。他解释道：“刑为盛世所不能废，亦为盛世所不尚，所收略存梗概而已。”这寥寥数语，就足以充分表现近代儒家对法治所抱的一种冷淡态度了。毋怪在过去中国社会，法治始终不能生根，不能发达。

近几年来，国人提倡法治的呼声，洋洋盈耳，几乎随处可以听到。不但舆论界和学术界的人士，在提倡法治，就是政府里面的重要人员，也往往在高唱法治。这固然表现今日我国社会对法治需要之十分迫切，但也可表现我国思想界已不复坚信儒家轻视法治的那种传统主张，而有另辟新径另寻出路的倾向和决心了。在一个近代的国家，道德的感化作用，固仍有其重大价值，但是法律的控制作用，尤为不可缺少。诚如当代美国法学大家庞德(Roscoe Pound)所云：在今日之社会，法律已成为一种最重要的“社会控制”(Social Control)，其重要远在道德与宗教以上。儒家企图以道德来改造人心，希望“人人有士君子之行”。从教育的立场来说，自未可加以厚非；但从实际政治的立场来说，却未免失之迂阔而不合时宜了。近年国人之提倡法治，不能不说是一个可喜的现象。

但是所谓法治，究指什么而言？它具有如何的意义？我们所需要的法治，又是怎样的法治？假如对这些看似平淡而实关重大的问题，无正确而深刻的认识，我怕法治二字又将流为一个空洞的口号，而不久便会为人所弃置遗忘。本文即拟对这些问题，略加申说。

所谓法治，可有两种意义。若从形式方面来说，法治就是在一个国家里面，由一个具有最高权威的机关，利用法律的强制力(Coercive Power)，来实行统治，以维持安宁秩序。所谓“万事皆归于一，百度皆准于法”，就可拿来做它的注脚。若从实质方面亦即政治意识方面来说，法治却是靠法律的强制力来推行或实现政治上的一定主张的一种制度。因之政治上的主张不同者，其所谓法治，就具有不同的内容。时贤讨论法治问题的时候，往往仅着重于法治的形式的意义，而对于法治之实质的意义，似不甚措意。著者以为我们不谈法治则已，如谈法治，则不特要注意法治之形式的意义，而尤须注意法治之实质的意义。

若专从形式方面来谈法治，则古今中外的一切国家，多多少少都可说是实行法治的国家。往日君主专制的国家，和晚近法西斯蒂的独裁国家，皆未尝不可目为法治国家。这些国家，决非不利用法律的强制力来实行统治。其利用法律的强制力来实行统治这一点，与近代的民主国家相较，大体上并无二致。不过它们的法律，乃系出于君主或独裁者一己之好恶，被统治的人民无权加以过问而已。我国先秦时代的诸大法家，如管仲、商鞅、韩非，所主张的法治，不能不说是一种法治，他们对于法治的剖解说明，且颇多精湛独到之处；然而他们所主张的法治，却都是君主专政下的法治，是仅仅帮助君主统驭万民的法治。德国国社党上台以后，德国的法学者，如尼克(Nicoali)，米息里司(Michaelis)，西米特(C. Schmitt)，郎盖(Lange)诸人，依然在大谈法治。他们所谈的法治，也不能不说是一种法治。然而他们所谈的法治,乃是认为领袖即法律,领袖与法律混而为一的法治,所以他们所称的法治国家,实际就是“领袖国家”(Fuehrerstaat)。可见假如单从形式方面来主张法治,这种法治可能为君主专政的法治,也可能是法西斯蒂独裁政治的法治。所以我们今日提倡法治,不可不于形式意义的法治之外,特别重视实质意义的法治。

说到实质意义的法治,居今日之中国而言法治,当不能不以各方面所急切期待的民主政治为其精髓,为其灵魂。我们诚然需要一个“万事皆归于一,百度皆准于法”的法治国家,但我们更需要一个以实行民主政治为主要目的的法治国家。民主政治的真谛,简单说,就是人民能控制政府,尤其不让政府违法侵害人民的利益。假如政府违法侵害人民的利益,人民就能执法相绳,使政府赔偿损害,或使政府的负责者不得不挂冠下台。法治如不建筑于民主政治之上,则所谓法治云云,定不免成为少数人弄权营私欺世盗名的工具。唯有在民主政治的保证之下,法治才能成为真正于人民有利的一种制度。也唯有在民主政治的保证之下,法治才更易求其充分彻底的实施。

在欧美国家,法治这个名词之所以为人所津津乐道,就因为它具有限制政府滥用权力,保护人民的正当利益的意义在内。十九世纪(约当 1825 至 1875 年之间),德国的一些开明人士,为防止国王及其助纣为虐的官僚阶层滥用权力起见,就曾主张凡国王及官僚阶层施令时有越轨之处,当悉受法院之审核。他们所特别标明的“法治国家”(Rechtsstaat)这个名称,其意义即不外此。英国人所谓“法治”(Rule of Law)这个名词,系由公法学者戴赛(A. V. Dicey)所倡用。他于 1885 年出版《英宪精义》一书,谓法治含有三个观念：第一，人人非经法院依正当程序确定为违法者，不得加以处分；第二，无论何人，包括统治者与被统治者在内，皆应受制于同一通常之法律与法院；第三，个人所享有之权利，乃系宪法之源泉，而非宪法所赐予。晚近论者对此三点，虽稍有修正，但对其所代表的根本精神，即在保护人民的正当利益，以免为行政官吏所任意侵害。而尤其值得注意者，戴氏所说的这种法治，乃建立于“国会至上”(Supremacy of Parliement)的民主政治之上，有代表人民的国会为其实施的最后保障。他在书中除讨论法治外，对“国会至上”这一点，曾作详尽的剖析，绝非把法治的基础，即民主政治置之度外。美国人所谓法治，又比英国人更进一步。在理论上，英国国会如欲剥夺人民的某种权利，尽可为所欲为，不受限制。美国则不然，美国有一个成文宪法，根本禁止国会制定任何侵害人民某种权利的法律。万一国会制定此种法律，则联邦最高法院就可判为违宪，使其不生效力。所以法治这个名词，在美国更具有限制政府滥用权力保护人民正当利益的意味在内。

“法之不行，自上犯之”。我们今日提倡法治，如果不能使政府官吏，尤其行政和军事方面上下各阶层的当权者，认真守法，则所谓法治云云，充其极也不过是“只许州官放火，不许百姓点灯”的法治，是“礼不下庶人，刑不上大夫”的封建意味的法治。而要达到使政府官吏认真守法的目的，唯有把法治建筑于民主政治的基础之上。民主政治固需要法治，因为没有法治，民主政治就不能巩固，而将成为群魔乱舞的混乱局面。但法治更需要民主政治，因为没有民主政治，法治便要落空，而人民之利益，便无真正有效的保障。我们今日所需要的法治，不但在形式上要做到“齐天下之动”，而在实质上尤其要做到使政府官吏尊重人民之正当利益，不得任意加以侵害，不能“高下其手，予夺由心”。所以我们今日所需要的法治，乃是民主政治的法治，是建立于民主政治之上的法治。①

① 载储安平主编:《观察》，1946 年第一卷第十期，第 9—10 页。

结语

民主法治，路漫漫其修远

一

国体、政体是现代政治法律用语。用现代政治法律的这种表述来观察过去的中国，我们可以发现，我国的国体经历了这样一个过程：王国——帝国——民国/共和国(党国)。在这个过程中，夏、商、周是王朝更替。按血缘别亲疏殊贵贱的周王国，最终被不别亲疏不殊贵贱的秦帝国所取代。帝国反复更替，延绵近两千年而为大清帝国。1912 年，历史选择用中华民国来代替大清帝国，同时诞生了一部名为《中华民国临时约法》的宪法性大法。这是国家社会一次巨大无比的历史转型。但是，“民国”也好，“约法”也好，统统有名无实。在两千多年的帝国惯性面前，“民国”、“约法”是那样的不堪一击。不过才几年的时间，“临时约法”就变为“袁记约法”，中华民国也差一点变为洪宪帝国。袁世凯死了，洪宪帝国胎死腹中。但是民国也没有重生。护法战争多年，谁也不把“约法”当回事，有的是借“法”争权，借“法”抢权。在这种乱局中，孙中山先生的思想，完成了由“法治”到“党治”的过渡。建立党国，实行党治。他的后继者，通过武力北伐，

1928年后终于在南京建成党国合一的中华民国。从此,中华民国就是党国(国民党国),党国就是中华民国。帝国时代,帝就是国,国就是帝。现在,党就是国,国就是党,一而二,二而一。党国可以说就是帝国的变种。

而就政体而言,几千年的中国大体经历了这样的过程:贵族政治/体(分权)——官僚政治/体(集权)——民主政治/体(分权制衡)——革命政治/政体:党国合一(集权)。西周到春秋,贵族依据血缘,按照宗法,划分周王与诸侯的权限,这是一种原始分权制。秦汉以后,专制集权,家国合一,官僚授命分土治理,只对皇帝负责。专制政体应该变为民主政体,分权制衡,但是没有成功,而是变成革命政体,党国合一,又回到专制集权。这种国体政体演变所带来的"治"的模式是:贵族法治/礼治——官僚/帝制法治——民主法治(人权保障 分权)——党治。

20世纪80年代,更具体点是1979年到1980年,我国法学界曾就"法治"、"人治"问题进行过长达三年的讨论。按当时的说法,这次论争的起因"是在1958年曾经提出过一种权威意见,'我们要人治,不要法治,不靠民法、刑法来维持秩序,还要靠我的那一套,开会、群众运动'。"造作这个权威性意见的权威者是谁?当时参加讨论的人没有说,今天我们从前面所引于一夫先生的文章可以知道,这是最高指示。不仅毛主席,刘少奇、邓小平亦如是说。20世纪50年代的法律虚无主义的源头就在这里。"文革"后的这次争论,有四种意见:

(1)要人治不要法治;

(2)既要人治也要法治;

(3)要法治不要人治;

(4)抛弃"法治""人治"概念。

第一种观点是前面提到的50年代以来盛行的法律虚无主义口号。经历“文革”，参加讨论的人都起而批判，无人再敢公开主张。因此争论的是(2)、(3)、(4)种观点，特别是(2)、(3)两种。后来群众出版社将争论的重要论文汇集成书，名之为《法治与人治问题讨论集》，于1980年出版，现在有重新印刷本。① 书名以法治、人治为题，但是很遗憾，这样大的讨论，只有两个人提到Rule of Law这个概念，而且没有受到重视。②

这是1949年以来第一次对“法治”展开的讨论，时间是在“文化大革命”以后。如果没有“文化大革命”，会不会有这个讨论？不知道。当时，我正在北大读研究生，读这些讨论文章，本身没有参加争论。由于我在北大一直讲授中国法律思想史，而讲中国法律思想史，当然不能不讲先秦法家法治思想，所以对这次讨论也就比较关注。不但当时看这些讨论文章，而且一直都在思考这些问题。本书可以说，就是多年思考的系统化。在书中，我只讲“法治”，没有讲“人治”。为什么没有讲“人治”？因为：

(1)在我看来，如果“人治”就是儒家的贤人政治，或者说贤人之治、圣贤之治，那么我国自古以来都没有这种“人治”。80年代讨论者心目中的“人治”，与儒家的“人治”，实在是风马牛不相及。

(2)为什么这样说？因为先秦儒家的那种“贤人政治”、“圣

---

① 《法治与人治问题讨论集》编辑组编：《法治与人治问题讨论集》，社会科学文献出版社，2003年。

② 一位是沈宗灵先生(《既不宜作为口号提倡，也不宜简单地否定》)，一位是王礼明先生(《论实行社会主义法治》)，相关论述分别见《法治与人治问题讨论集》编辑组编：《法治与人治问题讨论集》，群众出版社1980年，第338页和第91页。

贤政治"中的"贤人"、"圣贤",是尧舜禹汤文武这样的圣人,由这样的圣人治国。而这样的圣人,中国历史上是没有的,这是儒家理想人。理想代替不了现实,也不可能代替现实。

(3)这种贤人政治,中国从来就未出现过。有些人是想做圣人,希望他人把他当做圣人,但这只是他的妄想,最终他仍然是人,秦皇汉武、唐宗宋祖、一代天骄,都是人。清朝人称康熙为"圣祖",但是康熙仍然是人,而不是"圣"。

人类组成社会,就必须有规范、制度。这些规范和制度,可以称之为礼,也可以称之为法。总之,是组织国家、组成社会的规则。这些规范、制度,不管是自然形成的,还是人为制定的,永远都不可能是完美无缺、没有毛病的规范、制度。关键是这种制度、规范是否基本适合于当时的社会。正是出于这样的思考,所以我把西周到春秋的"礼治"定名为"贵族法治"。"礼"在当时是一种规范制度,是一种依照宗法血缘来统治社会的制度,基本适合当时的社会。春秋战国,出现了不同于礼那样的新规范、新规则,这就是"法"。但是这种法,历来就有良法、善法、恶法、非法、不法、非法之法的对立。因此,把"法治"、"人治"的对立,看成良法之治、善法之治与恶法之治、非法之治的对立,似乎更符合历史事实。

二

本书用"从贵族法治到民主法治",正是基于上述思考。我曾经考虑过几个名称:"20 世纪的中国法治"、"中国法治论纲"。按照我的论题,不但 80 年代的"法治"、"人治"之争,冠以"人"、"法",实在风马牛不相及,中国历史上也从来没有什么"人治"。有的只是善法、良法、天下之法与恶法、非法之法之治。而且,善、恶在历史长河中还是互相转化的。为什么这样说？因为你看，春秋战国贵族法治，也就是礼治，被专制法治否定了。在当时法家的眼中，礼治就是恶法。但是，把时间往前推，在西周之初，文武周公时代，也就是礼治取代氏部（部族）习惯，而成为规范之时，这种贵族法治何尝不是“良法”、“善法”？而在专制法治取代贵族法治之时，专制之法又何尝不是善法？但时过境迁，到了明清之际，它就变成“一家之法”，是必须毁弃的恶法了。明清之际启蒙思想家，搞托古改制。实际上，他们所说的“三代以上之法”、“天下之法”，就是近代先进思想家所要的民主之法。所不同的是，明清之际启蒙思想家，从古代去找论据；近代思想家从外国寻找武器罢了。他们把专制之法视为恶法、非法之法、一家之法是相同的。不信，可以看看孙中山、严复、谭嗣同几位的文章，看看沈家本对重法的批判。

专制法治取代贵族法治，经历了几百年的时间。如果我们把戊戌变法看成民主法治取代专制法治的起点，那么，这个时间也才一个世纪多一点。因此，整个 20 世纪有几次要争论法治，这很正常。我觉得，今后还会有争论，甚至是更大争论。为什么？因为从专制法治到民主法治，是“治”的转型，这种转型服从的是社会转型。社会转型没有完结，这种“治”的转型也就不能完成。这种“治”的核心，很可能是由君主“治吏”到“民治官”的转化，就像罪刑法定的转换。

总结 19 世纪末期以来的中国人对“法治”追求，我们可以看到：

中国人对西方“法治”产生兴趣并将之与传统中国的“法治”观念对照，始于 19 世纪中叶。自 20 世纪初，模范列强，建设一个法治国家，随着晚清法律改革的展开成为中国法律近代化的主旋律。从那时起，到蔡枢衡先生著文时不下半个世纪，至今却已逾百年，而现今中国仍然未能成为一个完全的法治国家。百余年在整个历史长河中不过是几滴浪花，但中国人在这个时期对法治国家的探索和追求却凝聚了几代人的理想和希望。究竟是哪些因素影响了我们的"法治"进程？这些因素是否现在还在继续对我们产生不良的影响？要消除这些影响及其背后的因素或将此影响降低到最低限度，需要我们做出些什么样的努力？欲探讨诸如此类的问题，需要检讨近代"法治"追求过程中的障碍因素。

要建设一个真正的"法治"国家，其前提是有能够得到遵从的法律体系存在。要那些成系统的法律规则真正能够得到普遍遵从，那就需要处于法律体系最高等级的宪法在社会生活中起到实际作用，这即是宪政。而近代中国所缺乏的就是真正的宪政，实际情况是有宪法而无宪政，这是近代中国不能建成"法治"国家的根本原因。自英国建设成宪政国家以来，推行宪政、建设宪政国家成为很多国家实现近代化的重要目标。何谓"宪政"？尽管宪政在其实践过程中有诸多变化，学者们的认识也存在不同程度的分歧，但宪政仍有着亘古不变的核心本质，即"它是对政府的法律限制；是对专政的反对；它的反面是专断，即恣意而非法律的统治"①。所以宪政与宪法是有区别的，尽管宪法是建设一个宪政国家的重要组成部分。近代著名法律学者杨兆龙先生就非常精当地论述了二者之间的巨大差别：宪政"是实际政治受宪法的抽象原则支配的结果，或宪法的抽象原则在实际政治上的具体化，可谓'在实际政治上已发生作用的宪法'"；宪法"只

① (美)C. H. 麦基文著，翟小波译：《宪政古今》，贵州人民出版社，2004 年，第 16 页。

是一些与实际政治尚未发生关系的抽象原则的总称,可谓'书本上的宪法'"。简言之,即"活宪法"与"死宪法"的区别。①

近现代法治与宪政紧密相连,没有宪政,法治必定是镜花水月。中国自晚清《钦定宪法大纲》开始,继之而来的《十九信条》、《中华民国临时约法》、《中华民国约法》、《中华民国宪法(草案)》(即"天坛宪草"),还有各省宪法,以及上个世纪40年代以来颁布的《中华民国宪法》等。短短几十年间(1908—1949),正式颁布的宪法、宪法性文件,还有各种由团体和私人起草的宪法草案,洋洋大观,不知凡几。就这些众多宪法文本的内容考察,其质量之高,比之发达国家的成文宪法,毫不逊色。但在近代中国社会,尽管有如此众多高质量宪法文本存在,却没有实行过一天真正的宪政。这些纸上的东西根本没有落实,其唯一的功用就是标榜政权的合法性,所以近代中国并没有因宪法的公布而变成宪政国家。既没有宪政,又何来法治?

近代中国无宪政的另一个重要原因是所有的当政者都在"玩宪法"、抓权力。所谓"玩宪法",就是表面上颁布宪法,借施行宪政为口号以争取民心、宣示其政权的合法性,而实际上并不将宪法施行,甚至采取各种措施阻碍宪法得以落实。政治家、政客为个人权力,玩宪法、宪政,炒宪法、宪政,并通过玩、炒宪法、宪政,实现集中权力的目的。自从清末仿行立宪,近代中国就开始走上这条黑暗道路。慈禧为什么同意立宪?原因是搞立宪能够达到"皇位永固"。袁世凯虽然是清末立宪运动的有力推动者,但他的目的是什么?历史已经做了明确的回答。他的继任

① 杨兆龙著,郝铁川、陆锦碧编:《杨兆龙法学文选·宪政之道》,中国政法大学出版社,2000年,第43页。

者之一曹锟通过贿选当上所谓中华民国大总统，并且堂而皇之公布宪法，而他的目的又是什么？孙中山先生说得很清楚："元年以来，尝有约法矣，然专制余孽、军阀官僚，僭窃擅权，无恶不作。此辈一日不去，宪法一日不生效力，无异废纸，何补民权！迩者，曹锟以非法行贿，尸位北京，亦尝藉所谓宪法以为文饰之具矣，而其所为，乃与宪法若风马牛不相及。"①可是，这位当时最有现代意识，最早怀抱建立现代法治国家理想的革命领袖，却成了后来苏俄党治、司法党化的始作俑者。经过胡汉民先生的加工，蒋介石的发展，变为一党专制、个人独裁的党治，党国权力集中一人，独裁者不受任何制约。宪政的核心是权力分立、权力制约，如果最高权力不受制约，何来法治？因此，他们的公布宪法，即是玩宪法、唱法治，是玩法治，实际搞的是治法，是治其他人、不治自己的。毛泽东将此类现象精炼地归纳为"宪政两面派"，即"嘴里一套，手里又是一套……他们口里的宪政，不过是'挂羊头卖狗肉'"②。其结果就是"多年以前，我们就听到过宪政的名词，但是至今不见宪政的影子"③。当政者这种以"施行宪政"之名，行"玩弄宪法"之实的做法，对中国近代社会的健康发展产生了极其恶劣的影响：宪政也好、宪法也好、法治也好，统统成为他们推行专制野蛮统治的冠冕堂皇的外衣。宪政的精神内核——用法律限制政府权力以保障公民的自由和权利——荡

---

① 《中国国民党第一次全国代表大会宣言》，载《中国近代法制史资料选辑 1840—1949 第三辑》，西北政法学院法制史教研室 1985 年编印，第 367—368 页。

② 毛泽东：《新民主主主义的宪政》（即 1940 年 2 月 20 日在延安召开宪政促进会成立大会的讲话），载《毛泽东选集》（第二卷），人民出版社，1990 年，第 694 页。

③ 毛泽东：《新民主主主义的宪政》（即 1940 年 2 月 20 日在延安召开宪政促进会成立大会的讲话），载《毛泽东选集》（第二卷），人民出版社，1990 年，第 693—694 页。

然无存。

当政者“玩宪法”、“玩宪政”，传统的专制余毒不仅没有得到彻底清算，反而在各式“宪政”名目下得以长期保存。传统的“学而优则仕”的观念在近代中国的现实中屡屡得到印证，在很大程度上影响了法律人才的职业选择。很多留学欧美、日本专门学习法律的法学专才，回国后很快暴得大名，接着以“名气”为敲门砖，迅速投身政界，成为当政者的“帮凶”或“帮闲”。徐道邻在经历了宦海沉浮后发出了类似“田园将芜胡不归”的感慨：“然而事实上，竟有不少有才华的学者，放弃了他们有把握的学问不做，而到没有把握的政治里头去翻筋斗，真是使人难解！”[①]此公从政坎坷方有此感慨，那些仕途顺遂之人一辈子乐此不疲，又何来此种感慨？这些人往往是学界精英，在一个真正推行“宪政”和“法治”的社会里，他们应该是形成法律职业团体、成为推动“宪政”和“法治”建设的中坚力量。但是“帮凶”、“帮闲”们泛滥，严重阻碍了近代中国法律职业团体的形成。而一个强有力的法律职业团体对于“宪政”和“法治”的确立和维护又是不可或缺的。进而言之，一个缺乏信仰、没有道德准则的法律职业团体即使形成也并不能造福社会，反而往往会成为社会之害。而且，这种法律职业团体的形成与存在所造成的危害，实在比没有这种职业团体的害处更大。传统社会的读书人有一套传统信仰和道德规范，读孔孟，讲忠孝，讲“食君之禄，忠君之事”，还有一定的“王法”观念。读书人中，从事法律实务的刑名师爷没有组织，却有

① 转引自陈新民：《惊鸿一瞥的宪法学彗星——谈徐道邻的宪法学理论》，载氏著：《公法学札记》，中国政法大学出版社，2001 年，第 218 页。

规则。清代中期的一位著名幕友即强调“立心要正”、“自处宜洁”①,清末的一位刑幕也特别强调“忠于所事,非礼勿取”②。而近代以来,特别是民国以后,这些道德和内在规则随着政治秩序的瓦解都被摧毁殆尽。一时之间,新道德、新规则没有形成,一些法律人功利心严重,可以说为达功利,不惜一切。法律人的这种短视行为对近代以来中国法治国家的建设乃至法律人才的进一步培养,造成相当程度的阻碍。

本来受官本位思想的影响和当政者的有意导向,长期从事“宪政”和“法治”研究的学者就数量不多、质量不高。更为糟糕的是,当政者时常“玩宪法”,将徒具华丽外观的宪法予以颁布,当作宪政的全部。这种做法以及当政者有意无意的提倡,在很大程度上混淆了作为宪政和法治承担者和推进力量的法学智识分子的着力视野,以为实施宪政、建设宪政国家的中心工作,在如何制定完备的宪法文本并将之颁布,而相对忽视了宪法究竟如何才得以真正施行,即只注重“死宪法”而轻忽“活宪法”。③此种态度反映到法治领域,就是集中精力于制定法,而忽略此种制定法能否施行或施行效果如何等法治领域的关键问题。此种宪法学研究,除了竞相寻求华丽的辞藻替当政者装点门面外,对于宪政和法治的真正信仰和施行,并没有多大的益处。不可否

① 汪辉祖:《佐治药言》,辽宁教育出版社,1998年。其论述“立心要正”云:“公则无心之过,终为舆论所宽;私则循理之狱,亦为天谴所及,故立心不可不正。”论述“自处宜洁”云:“正心之学,先在洁守,守之不慎,心乃以偏。”其又谓:“食人之食,而谋之不忠,天岂有以福之?”

② 赵鉥:《秋曹忆语——卅年读律的回忆》,南京大东新兴印书馆,1948年。

③ 根据笔者对中国近代宪法史的了解,关于各种宪法草案、文本以及制宪史方面的著作不少,转相引用,内容诸多重复,而对于如何将制定出来的宪法付诸实施的宪法施行史方面的学术著作则很少。这就不难看出近代学者的主要注意力所在了。

认，也有学者意识到此种宪政研究的问题所在，如杨兆龙先生就将近代中国宪政停步不前的主要原因归之为整个社会，尤其是法学界“太偏重抽象的宪法原则……而没有把精力集中到‘活宪法’的培养工作方面去”，并指出“实施宪政的中心工作不是‘制宪’，而是‘宪法生命素’的培养”。[①]

总体上看，近代中国相当缺乏对整个法治理论体系的探索。从清末开始，中国近代法律教育兴起，培养了一批法律人，就法学水平而言，其中不乏佼佼者。但是深入考察，他们或者投身官场，或者专力于功利性的部门法上，对怎样建设中国的法治没有什么系统性建树，对什么是法治（Rule of Law），可以说一直没有搞清楚。蔡枢衡在40年代的批评不是空穴来风，而是当时社会的现实。黄遵宪最早提出法治，却没有论述。梁启超把先秦法治当作近现代法治，实际上是没能分清法治和治法。沈家本明白传统法治与近代法治的区别，为推动司法独立下了功夫，但是也没有法治理论体系的建立，而且他的司法审判独立，更多是侧重操作层面，很少涉及或并不涉及权力分立。“伟大的革命先行者”孙中山，最终也走上了党治、司法党化的道路。[②] 总而言之，近代中国，喊法治，喊得很多，但对为什么要“法治”、要什么样的法治、怎样在中国推行法治等诸多问题，却都没有进行深入的理论探索。实际上，在当政者乐此不疲地“玩宪法”、“玩法律”，以及众多学者将眼光投向宪法和法律文本的大环境之下，

---

① 杨兆龙著，郝铁川、陆锦碧编：《杨兆龙法学文选·宪政之道》，中国政法大学出版社，2000年，第45页。

② 民国时期，对宪政法治最有贡献的大概是王世杰、钱端升的比较宪法研究。但是，王世杰不仅是一位优秀的宪法专家，同时也是国民党政府里的著名官僚。而钱端升早年在西方习得的宪政、民主经义，可惜20世纪50年代以后，全然不为政府接受，甚至被取缔了继续研究、讨论以及发表文章的机会。

能将注意力转向宪法实施问题的又能有几人？在这种“禁区”内发出的声音能够传播多远？即便其音可闻，其意又有几人能够体味？

当政者“玩宪法”，学者们埋首于宪法文本，宪政已是岌岌乎殆哉，更加之近代中国的社会情形，导致近代中国宪政之路的极端曲折。传统中国是一个典型的农业社会，自海禁开放以来，受外来影响的力度逐渐加大，但这种影响对地域跨度极广的中国来说，差异是明显的。除少数沿海地区和通商口岸以外，绝大部分近代中国地区，就思想意识看仍然是一个“尚礼——崇尚旧俗的社会”①，就经济形态看仍然是一个“农业社会”。在这样的社会里，因人口数量的庞大和耕地面积的有限，农人们多在饥饿线边缘挣扎。一群在专制政治下原本就缺乏权利和自由意识的传统农人，如果当政者对权利和自由持敌视和压制态度，他们再得不到文化精英阶层的指导，怎么能指望他们萌生并继续作为宪政根基的权利与自由意识呢？在面包与自由之间，他们自然选择前者。社会大众缺乏权利与自由意识，不能确立对宪政和法治的信仰，不“知法”且不“重法”，②那又何来宪政？何来法治？孙中山先生在分析民初宪政的困境时，就意识到此点：“宪法之所以能有效力，全恃民众之拥护，假使只有白纸黑字之宪法，绝不能保证民权，俾不受军阀之摧残……故知推行宪法之先决问题，首先在民众之能拥护宪法与否。舍本求末，无有是处。不特

---

① 蔡枢衡：《中国青年与中国法治》，载氏著：《中国法理自觉的发展》，清华大学出版社，2005 年，第 126 页。

② 杨兆龙语。杨氏认为宪政和法治的基础是建筑在“知法”和“重法”这两种精神或心理条件上的。载杨兆龙著，郝铁川、陆锦碧编：《杨兆龙法学文选 · 宪政之道》，中国政法大学出版社，2000 年，第 52 页。

此也，民众果无组织，虽有宪法，即民众自身亦不能运用之，纵无军阀之摧残，其为具文自若也。”①可惜，孙中山先生的认识却为蒋介石等当政者盗用，仅作为发动民众的工具，而没有真正让民众自觉，甚且采取各种手段阻碍此类自觉。

通观整个近代中国的宪政历程，正是因为当政者有意识地“玩宪法”、学者专注宪法文本，以及普通民众不需要宪法等诸般原因，导致宪政一直停留在纸面，从来未曾有过实质性的进展。宪政秩序不能建立，司法独立的开展亦缺乏足够的空间。在这种宪法和法律都不能得到真正遵守和施行的情况下，“法治”就变成空洞的口号，成为实际运行着的专制“治法”的漂亮外衣。

三

现实虽然如此，仍然有一些近代中国的法律人，如蔡枢衡先生，不但没有放弃“法治”的追求，而且认为“明日的中国政治形态必然是法治”。通过把脉，他为当时的中国开出一剂“法治”药方。一是建立一个无所不包，无所不有，各种法律从中枢到末梢，内容上互相关联，外形上形成一个完整的法律之塔的法律体系。二是这种法律体系必须和社会组织、社会秩序间，保有形式和内容、本质和现象间的关系。三是法治精神的形成。四是司法机关的完备、机构的完整和健全。② 这是法治的基础，而要打好这个基础，“严正而且深刻批判过去的法学和裁判，便是完成

① 《中国国民党第一次全国代表大会宣言》，载《中国近代法制史资料选辑 1840—1949 第三辑》，西北政法学院法制史教研室 1985 年编印，第 367—368 页。

② 蔡枢衡：《中国法理自觉的发展》，清华大学出版社，2005 年，第 132—135 页。

这个使命的出发点”。①

这是20世纪40年代的学者见解。六七十年后的21世纪的今天，已有不少学人在继续探索。至于我本人，2011年6月，我在中国人民大学法学院主持召集的学术会议上有一个发言。我的发言结束后，台湾的一位学者问我，“法治”、“党治”的区别何在？由于时间短促，当时无法展开讨论，所以我只简单回答：法在党上就是法治，法在党下就是党治。也可以反过来说，党在法上就是党治，党在法下就是法治。问题看似复杂，实际也很简单。

我个人一直认为，秦汉以后的中华帝国不是人治，特别不是先秦儒家所说的人治。毛主席说“百代都行秦政法”，这不是他一个人的看法，谭嗣同、章太炎都作如是观。两千多年，维护庞大帝国运转的是先秦法家倡导的专制法治，或者说官僚法治、帝制法治。20世纪初，在帝国变为民国/共和国的过程中，孙中山由法治转入党治，民国/共和国只有党治，而没有民主法治/共和法治，实在有其历史的必然性。这个历史的必然性表现在：面对现代世界资本帝国的鸦片和新式大炮，掌控中央权力的领导者，应具备现代知识，带领国人向现代转化，组织民众驱逐入侵者。但是，很可惜，20世纪初年，子民众多，有两千多年帝制传统的末代大清帝国的统治者，已经丧失了这种能力。1912年1月1日，大清帝国小皇帝还坐在北京的龙椅上，南京的临时大总统孙中山就严正宣告中华民国成立。在民国与帝国的博弈中，帝国灭亡了，但是民国大总统袁世凯以及他的后继者，同样没有这种知识和能力。孙中山由此而选择党治，要由他的党也就是国民

① 蔡枢衡：《中国法理自觉的发展》，清华大学出版社，2005年，第144页。

党来掌控全国政权。这是历史的无奈选择,还是历史的错位?我不想、也无法回答这个问题。我只是模糊地感觉,1930 年以后倭寇全面寇华的年代,如果还像 1927 年以前那样,中华民族由猪仔议员选出的北京民国政府大总统、或由南方的护法军政府大元帅统领,全国没有相对统一的政令、军令指挥抗战,我们民族的命运实在无法想象。

但是,孙中山特别是胡汉民等的"党治",是"党外无党"、一党坐大不允许其他党存在的集权党治。这种集权党治,党权至高无上,不受制约。不受制约的权力,必然要变成腐败的权力。这一层,接受过现代法学训练的胡汉民先生,看来也是明白的。1929 年 8 月 26 日,他在立法院总理纪念周的演讲即以《肃清党治下的一切腐化分子》为题,大讲反腐败。他的讲话虽然强调"官吏是为求人民的自由而做的",然而也不得不承认,"目前事实上所表现的"是,"个人主义无限制无阻碍地猛烈侵袭了所谓党治之下服官办党之人的内心"。① 许多老同志和新进的同志都认为,"非国民党员不能抓政权,既做了国民党员就非抓些政权不可,于是既入党便赶紧去找政权,未入党的便赶紧去钻谋入党",党籍"是升官发财的保障,是一切权利的保障"。② 最后,他说:"自命为革命者的人,自己未做官时天天骂官僚腐化,及至自己做时,却会比自己所骂的格外该骂些,格外反动得厉害,假如长此不改,我们还说什么以党建国,以党治国!"③这是国民党开

---

① 胡汉民:《胡汉民先生名著集(下)·训政大纲提案说明书》,军事新闻社,1936 年,第 513 页。

② 胡汉民:《胡汉民先生名著集(下)·训政大纲提案说明书》,军事新闻社,1936 年,第 515 页。

③ 胡汉民:《胡汉民先生名著集(下)·训政大纲提案说明书》,军事新闻社,1936 年,第 523 页。

始党治才二三年的状况，以后的情况就无需多说了。更要命的是，胡先生这时还没有说到"党治"的归宿是集权，集权一定是一党专制，一党专制的结果是领袖独裁，专制独裁一定会遭到人民的唾弃。这似乎是一条历史的铁律。

20世纪的中国党治，还有一个十分奇特而尚未被人注意的吊诡现象：在我国的传统文化中，从来没有什么"党治"，有的是"奸党"罪名和"结党营私"的恶名。而"革命"一词在先秦就已出现。19世纪末期开始使用的、与英文revolution相对应的"革命"，就字义的内涵而言，与传统的"革命"并不完全相同，在大清帝国的官方语言中则是严重的罪名，"革党"、"革党罪"属于《大清律》中的谋反大逆罪。辛亥革命时期，"革命"差不多成了流行语。但是袁世凯当上大总统后，"革命"仍然是罪名。孙中山组织"中华革命党"，在《中华革命党总章》说，在革命时期，"一切军国庶政，悉归中华革命党党员负完全责任"。"革命"与"党治"才开始挂钩。从20世纪20年代起，"革命"与"党治"才成了捆绑在一起的孪生兄弟。"革党"不但无罪，而且是天经地义、顺天应民的正义之党，是人民利益的代表，正义、公理、法律的化身，是天然合理、合法掌控全国政权的革命党。"党治"就这样与"革命"同步。20世纪八九十年代，邓小平宣布不搞阶级斗争，"革命"由此而失去革命对象，刑法也将"反革命罪"删除，革命党改称"执政党"。

"革命"既然失去"革命对象"，革命党也就无"命"可革。无"命"可革的革命党怎样掌控政权？是继续"党外无党"的革命党的"党治"，还是转为"党外有党"的执政党的"党治"？回首民国历史，大清帝国被推翻后，由于真正的民国无法成立，历史才不得不选择"党国"，党国成为这一过渡期的国家形态。与此相应，在国家的治理形态上，由于民主法治一时无法替代传统的专制法治，党治取代了民主法治。孙中山是“党治”的始作俑者。但是，我们不要忘记，在他的建国三时期的设计中，“党治”只是军政、训政时期的“治”，而且训政仅有六年期限。六年训政期满，便要公布宪法，还政于民，推行宪政，实行民主法治。因此，结束“党治”而转入民主法治是大势所趋。那么，这种民主法治是什么样的民主法治呢？我在过去的一篇文章中曾作过这样的回答：

> 民主法治毕竟是社会历史发展的必然。而且，民主法治应该有多种模式，而不应仅仅是西方美国的模式。因此，我又坚信民主法治，这个法制现代化的诉求，最终一定会实现。因为，法制现代化既然启动，就无法倒转，只能是有曲折，甚至是九曲十折。就像长江水，不管转多少湾，大湾、小湾、缓湾、急转湾，最终流入大海，进入民主法治。
>
> 依据马克思主义的政党学说，党以阶级划分为基础，以夺取国家政权为目标，“党治”以党内党外权力差异为标志。两千多年前，以血缘为基础，以亲疏为标志的礼治，因为“血缘”这个基础崩溃，所以“别亲疏”的前面被加上一个“不”字而转型。今天，“阶级”这个政党存在的基础已不复存在。我们是否能以“不分政党、不分官民，一断于法”，作为民主法治的前奏？①

---

① 李贵连：《民主法治：法制现代化的诉求》，载《政法论坛》2012 年第 3 期，第 12 页。

后记

2008年9月，应华中科技大学之聘，我来到武汉。本书就是华中科技大学法学院为我而向司法部申报的研究课题《近代中国法治研究与反思》的结项成果。在本书即将出版之际，还有几句话要说一说。

第一，本书虽为我个人执笔撰写，却与饶传平、李启成、孙家红、韩涛四位博士的鼎力相助不可分。传平包揽了项目申请及中间的事务性工作，启成、家红则在写作过程中不断为我提供相关资料（启成还撰写了某些段落），全书完成后的核对润色这临门一脚，则耗去韩涛2012年的整个暑假。在此，我谨向他们表达我的深深的谢意。

第二，本课题是一项个人探索性课题。由于大部分项目经费尚未拨付（应在2011年底拨付），而我已在《中外法学》、《政法论丛》等刊物，围绕本课题发表了几篇长文。因此，我并未急于出版。甚至，是不是出版都在两可之间。2012年10月华中科技大学近代法研究所召开第三届例会，广西师范大学出版社范新先生莅会。他在网上获知我的这一项目，并询问进展情况。看完这部电子稿后，他提议由该社出版发行，我同意了。在此，我要感谢范新先生的关爱。

几年前，在回答华东政法大学同学的访谈时，曾就中国法史学的研究说过我的感想，叫做“通古今之变，明中外之异，究当世之法”。本书就是这句话的一种尝试。全书大部分内容，曾向华中科技大学法学院高年级本科生讲授过。与年轻人的对话，使我收益不小。在此，我也要谢谢这些小朋友们了！

是为记！

李贵连

2012 年圣诞于北京茉莉园寓所

新民说·书目

已出

王人博：《孤独的敏感者》
许章润：《坐待天明》
吴稼祥：《公天下》
秋　风：《儒家式现代秩序》
梁治平：《法律史的视界》
梁治平：《法律何为》
胡　适：《中国哲学史大纲》（卷上、卷中）
鲁迅著、丰子恺绘、孙立川注：《呐喊》（新编绘图注本）
柴春芽：《我故乡的四种死亡方式》
刘仲敬：《民国纪事本末》
艾　云：《寻找失踪者》
李贵连：《法治是什么——从贵族法治到民主法治》

即出

柴春芽：《走出广场的牧歌》
梦亦非：《没有人是无辜的》
许纪霖：《大学之困：寻找失去的灵魂》
梁治平：《法律后面的故事》
刘　擎：《纷争的年代——当代西方思想寻踪》
许章润：《转型中国：政治与法律》
许章润：《思潮好比情人——关于中国问题的中国意识》
许纪霖：《黑暗中的烛光——许纪霖讲谈录》
秋　风：《治理秩序论：经义今诂》
王人博、程燎原：《法治论》（重修版）
程燎原、王人博：《赢得神圣——权利及其救济》（修订版）
程燎原：《从法制到法治》（增订版）
程燎原：《中国法家思想的现代际遇》
崔卫平：《民主之前：我们如何学习讨论》
盛　洪：《宪章文武》
吴稼祥：《果壳里的帝国》（修订版）
吴稼祥：《自由与权威》
萧功秦：《我的思想日记》（上）（中）（下）
王人博：《中国是什么：以近代为中心》（1840—）
王人博：《失落的近代：帝国的挫败与挣扎，以及停止它的方案》（1840—1919）
王人博：《共和：中国之累，以及意义的翻转与再生》（1911—1949）
……

Http://e.weibo.com/xinminshuo
E-mail:fanxin@bbtpress.com

Http://e.weibo.com/xinminshuo
E-mail:fanxin@bbtpress.com